시간의 틈으로

보조 용언과 합성 명사의 띄어쓰기 등 본문의 맞춤법은 저자의 의도에 따른 것임.

시간의 틈으로

최정란 지음

달아실

들어가는 말

재작년에 첫 수필집을 내고 2년간 숨 고르기를 하면서 많은 일들이 있었습니다.

늘 분주하고 무언가를 해결하면서 쫓기듯 살아가는 그 틈에서 나를 돌아보고 끄적거린 것을, 다시 세상에 내어놓습니다. 첫 책을 내고 조심스럽고 신경이 많이 쓰였습니다. 수필이란 장르가 시나 소설처럼 상상의 산물이 아니라 자신이 느끼고 겪은 일들을 결합한 이야기다 보니 내면을 들킬 소지가 많은 탓일 것입니다.

몇 년 전 강연에서 만난 김형석 교수님께서는 "육십이 넘어서부터 진짜 내 삶이 시작된다."라고 말씀하셨습니다. 그런데 나는 왜? 아직도! 내 삶보다 다른 사람의 삶에 더 많이 참견하면서 사는 것같이 느껴질까요? 이제 남의 삶에 참견하는 오지랖을 버리고 남아있는 시간은 오로지 나만의 삶을 살아보고 싶습니다.

2025년 여름

최정란

차례

005　　들어가는 말

1부. 오늘의 거짓말

012　　돈 놓고 돈 먹기
019　　히포크라테스선서
025　　오늘의 거짓말
030　　그녀의 사과
037　　이런 KBS
041　　국민 파출부
045　　침묵으로 동참
048　　퇴직

2부. 백색소음

054 스튜핏 SK 스튜핏 KT

062 휴대전화를 바꿀 때마다

066 북을 두드리다

073 이겼는데

076 비만입니다

084 등대지기는 새를 너무 사랑한다

091 백색소음

096 내 몸속 플라스틱

3부. 아버지들에게

102   황산의 아버지들

110   청소하는 미생물

115   아버지들에게

122   천년의 기록

128   왕의 탄생

135   가족

139   남의 편

144   순이 할머니

4부. 착한 빚 vs 나쁜 빚

150   버리고 나서야

153   귀신고래

158   보조는 없다

164   문학의 바다

168   착한 빚 vs 나쁜 빚

173   천연기념물 417호

179   참 잘했어요

182   공주의 회전문

5부. 시간의 틈으로

188   왕족이니라
191   공지천을 부탁해
196   시간의 틈으로
201   어머님 전 상서
208   도파민 터지던 날
213   벌교 문학기행 ― 마음의 선(線)
218   벌교 문학기행 ― 길을 묻고 나를 찾고
222   효과음 별로네

1부
오늘의 거짓말

돈 놓고 돈 먹기

"야들아! 니들 내 죽거들랑 아무도 부조하지 말그라. 내 장례비용 다 나오는 이순재 보험 들었데이." 울 어매의 말씀이었다. 뭐 하러 벌써 그런 걸 들었냐는 나의 타박에 "자식들한테 부담 안 주고 갈라꼬."라는 TV 선전 문구까지 인용하며 웃었다.

그러곤 몇 달 후 전화해서 보험료가 자꾸 이중으로 빠져나간다며 와서 보라길래 통장을 살펴보니 진짜로 같은 금액의 보험료가 며칠 차로 두 건씩 빠져나가고 있었다. 보험사에 확인하니 엄마가 하나를 더 추가 가입했다는 것이다. 어떻게 된 거냐고 묻자, 엄마는 아니라며 손사래를 치더니 문득 생각났다는 듯 "아, 맞다!" 하며 손뼉을 딱 치더니 어느 날 전화가 와서 라이나 보험 들은 거 있냐면서 묻기에 그렇다고 하니 가입을 잘 유지해줘서 고맙다고 하더란다. 그러더니 유지 고객에게 특별히 두 배를 보장해준다고 하길래 진짜냐고? 혹시 보험료가 더 비싸지는 건 아니냐고 했더니 절대 아니라고 그러면서 통장 확인을 한다고 해서 계좌번호를 불러

준 거밖에 없다고 한다. 두 건이면 당연히 두 배인 것을 어머니를 상대로 말장난을 한 것이 분명해 보였다.

    라이나 측에선 본인이 인정해서 불러준 계좌이고 전화로 녹음하면서 가입이 된 것이니 문제가 없다며 잡아뗐다. "내가 볼 땐 전화로 추가 가입을 권유하는 과정에서 어머니에게 오해의 소지가 있게 말을 한 것 같다. 그러니 추가 건은 해지해서 통장에 다시 입금하시오."라고 아주 정중히 부탁하자 딱 잡아떼며 거절했다. 하는 수 없이 "그럼 내가 보험감독원에 제소할 터이니 거기에서 만나 녹음 내용을 확인해서 서로의 과실을 따져봅시다." 하고 전화를 끊었다. 다음날 관계자가 정중한 목소리로 전화가 왔다. 죄송하다면서 해지 처리를 해서 입금하겠으니 오해하지 마시라고 정말 죄송하다며 정중히 말했다. 2007년 이미 한국인 여자의 평균 수명이 80세가 넘었는데 당시 겨우 66세였던 어머니에게 두 개씩이나 가입시키는 그 저의가 매우 불순했다. 그리고 5년이 흘렀다.

    어머니에게 또다시 다급한 전화가 왔다. 그 보험이 5년 만기가 되고 해가 바뀌어 2012년이 되었는데 22,176원을 인출해가던 보험료가 44,154원으로 두 배쯤 올려서 빼가고 있다며 어떻게 된 건지 알아보라 한다. 전화하니 제삼자에게는 알려줄 수 없다고 한다.

마주 앉은 엄마와 삼자 통화를 해가며 돌아온 대답은 가입 기간 5년이 끝나고 계약갱신이 되면서 보험료가 올랐다고 한다. 그럼 기존에 부었던 것은 어찌 되는가? 물었더니 그것은 보험 자체도 소멸이 되었고 말하자면 재계약이 된 것이라 하길래 보험료가 올라도 기존 보험료의 한도 내에서 10~20% 정도로 오르는 것이지 이렇게 많이 오른다는 게 이해가 안 된다. 자그마치 두 배씩이나 오른다면 응당 계약자에게 알리고 동의하에 인출하는 것이 맞는 게 아닌가? 물었더니 몇 달 전에 우편물을 발송해서 안내하였고 계약자가 아무런 이의가 없고 통장에 잔액이 있으면 빼간다는 것이다.

우편물을 어디로 발송하였는지 물으니 2년 반 전에 엄마가 사시던 주소를 말하길래 엄마가 지금 거기에 살고 있지 않다. 우편물 하나 달랑 보내놓고 당신들 마음대로 돈을 빼가고 아무런 문제가 없다고 하는데 인정할 수 없다고 하자 주소가 바뀌었으면 계약자가 보험사에 통보해주어야 하는데 계약자가 주소 변경을 안 하였으니 자기들은 책임이 없고 정당하다며 마음대로 하란다. 주소 변경을 안 한 것이 엄마의 잘못이라 하더라도 상대는 70세가 넘은 노인이다. 전화로 추가 가입도 시키는 사람들이 전화번호가 그대로인데 계약자와 통화조차 하지 않고 일방적으로 진행하는 보험사의 영업 방식에 나는 절대로 동의할 수 없다. 그리고 동일 보험의 신규 가입은 보험료가 얼마인지 묻자 그건 잘 모른다며 모호하게 대답한다.

전화를 끊고 인터넷으로 라이나 실버보험을 찾아서 보험료를 확인하자 똑같은 5년 납 5년 만기 보험료가 33,800원으로 최종 확인이 되었다. 도저히 이해할 수 없는 출금액에 화가 났다. 보험사에 다시 전화하여 인터넷에 올라와있는 보험료와 엄마 통장에서 출금한 금액의 차이에 대해 따졌다. 그제야 하는 말이 신규 계약 건은 2년 후 사망부터 지급하지만, 갱신 건은 바로 지급하므로 보험료가 차이가 난다고 대답한다. 그러니까 네가 알아 오면 대답해주고 아니면 모른 체 우겨도 자기네 쪽에서 불리하지 않다는 심산이었다.

이미 낸 5년 동안의 보험료 자체가 완전히 소멸하고 한 푼도 찾을 수 없다는 말에 엄마는 전날 밤새 한잠도 못 잤다며 속상해하더니 "나는 그냥 22,176원으로 쭉 빠져나가고 언젠가 죽으면 그냥 천만 원이 나오는지 알았지. 소멸이 뭔지 갱신이 뭔지 아무것도 몰랐데이." 하며 억울해한다. 아무것도 모르는 노인들을 상대로 '자식들에게 부담을 주지 말자'는 그럴듯한 말로 부모들의 심리를 이용한 것이다.

보험사에 따졌다. 소멸성이라던가 갱신이란 말을 이해할 수 있는 노인들이 몇 명 되겠느냐? 그리고 우편물 하나로 갱신이 되었다는 건 보험사 쪽에서도 어느 정도의 과실이 있다고 생각된다. 5년 동안 낸 돈은 소멸이 되고 말았지만 새로 갱신시켜 가져간 보험은 해지하고 원금을 돌려달라고 요구하자 안 된다고 한다. 한국인 평균 수명이 여자 83세라고 볼 때, 이미 납부한 원금이 1,330,560원이다. 갱신해서 44,154원씩 5년을 다시 내면 2,649,240원이고 또 다시 갱신해서 월 보험료 88,308원으로 5년이면 납부금이 5,298,480원이 된다. 그러면 총 납부액은 원금만 9,278,280원이다. 그때 엄마의 나이가 81세인데 그 안에 사망해야 탈 수 있고 아니면 그냥 없어지는 것이니 이건 절대로 가입자를 위한 것이 아니다.

그리고 그 보험이 선전하는 화면을 유심히 살펴보니 어디에도 소멸성이란 자막이 없었다. 마지막에 딱 한마디, '갱신 시 보험료가 올라갈 수 있습니다.'라는 말을 속시포처럼 빠르게 히디리. 당신들이 가입을 권유하면서 100% 소멸성이란 것과 갱신 시 보험료가 두 배로 오른다는 것을 노인들에게 얼마나 제대로 안내하는지 의심스럽다. 주 가입자인 노인들이 과연 이 보험을 얼마나 알고 이해하고 있는지 조사해보고 싶다. 끝내 거절한다면 보험감독원에 고발하고 언론사에도 기고하면서 다음 아고라 네이버 포털에 올려 공론화시키겠다. 이야기하고 끊었다.

다음날 전화가 왔다. 계약이 갱신된 보험을 원하시는 대로 특별 해지 건으로 처리해서 전액을 입금했다고 하면서 정말 죄송하게 생각한다고 하더니 댁으로 소정의 상품을 보내드리려고 하는데 어떠냐? 묻는다. 왜 생각이 바뀌었느냐? 물었더니 정말로 언론에 기고할 것이냐면서 원하시는 대로 다 해드렸으니 한 번만 이해해주시면 감사하겠다고 말했다. 생각해보겠다. 앞으로 계속 광고할 거면 광고 화면에 100% 소멸성이란 자막도 함께 넣어라. 이순재 씨처럼 지명도 있는 노인을 내세워 광고하는 마케팅은 치밀해서 칭찬할 만하다. 할머니 인구가 더 많으니까! 그러나 보험이란 이윤 추구도 좋지만, 사회보험으로서의 공공성도 중요하게 생각해야 할 것이다. 노인들을 사망보험으로 책임져주는 것처럼 생색낼 것이 아니라 진정으로 노인들을 생각한다면 노인들의 복지에 이윤을 배분한다든지 하는 책임 있는 행동을 보여주길 바란다. 말하니 알겠다고 감사하다고 한다.

끝까지 따지는 사람에겐 못 이긴 척 보험료를 돌려주고 제대로 따지지도 못하는 노인들을 상대로 교묘하게 추가 가입까지 시키는 건 매우 나쁜 영업 방식이다. 단순히 장례비용이라면 2건의 보험은 필요가 없다. 순진한 노인들을 당신들 마음대로 이용하지 말라는 당부의 말로 전화를 끊었지만, 뒷맛이 씁쓸했다. 혹시! 여러분의 부모님들도 이 보험에 가입하셨는지요?

히포크라테스선서

"나는 양심과 위엄을 가지고 의료직을 수행한다." 의사가 되기 전 엄숙한 마음으로 인류봉사를 다짐하며 하는 선서의 내용 일부이다. 의사는 선서하면서 약한 환자를 가엾이 여기고 사람을 사랑하는 마음을 깊이 새길 것이다. 이런 마음으로 환자를 돌보는 의사는 환자로부터 존경을 받고 스스로는 위엄을 지닌다.

2023년 5월 19일 오후 4시 20분에 일어난 사고는 내게 악몽이었다. 어머니 집의 뒤꼍 석축에서 자갈이 깔린 마당으로 떨어지며 나는 잠시 정신을 잃었었다. 마취 상태처럼 몽롱한 몸을 겨우 일으켜 일어나 앉으려는데 왼쪽 손목이 너무나 아파 쳐다보니 손목이 틀어져있었다. 순간 부러졌구나? 하는 생각에 병원을 가야겠기에 남동생에게 전화하니 안 받는다. 119를 부를까? 잠시 생각하다가 다친 손이 왼손이라 오른손으로 운전해서 12km를 내려왔다.

집에 도착해 오기로 한 남동생을 기다리는 잠깐의 시간조차 무시무시한 통증에 몸을 떨었다. 남동생의 차를 타고 대로변을 따라 내려가다가 작년에 몇 번 간 적이 있던 정형외과를 찾아갔다. 부어오르고 비틀어진 채 덜렁대는 팔을 보여주고 이름을 대고 접수했다. 차례를 기다리는데 잠시 후 간호사가 이름을 부르며 다가오더니, 골다공증 검사를 하자고 한다. "지금 골다공증 검사가 문제가 아니고 부러진 손목을 고쳐서 안 아프게 해달라고요." 하니 "골다공증 때문에 그럴 수도 있어서요." 한다. "아픈 걸 먼저 해결해주세요. 순서가 틀렸잖아요." 했더니 "아 네!" 하더니 저쪽으로 가버렸다.

잠시 후 다른 간호사가 다시 내 이름을 부르면서 오더니 또 골다공증 검사를 하자고 한다. 벌떡 일어나면서 "사람 죽이겠네!"라며 일갈하고 그곳을 나왔다. 남동생의 차를 타고 길을 건너는데 또 다른 정형외과 간판이 보였다. 병원을 들어서 손목을 보여주자 바로 엑스레이부터 찍었다. 손목이 그냥 부러진 게 아니라 여러 조각이 났다며 의뢰서를 써줄 테니 내일 바로 대학병원으로 가서 수술하란다. "수술 안 하면 왼손은 영영 못 씁니다."라고 하더니 간호사를 불러 손목을 잡게 하고는 양 끝을 늘려 뼈를 맞춰주는데 통증이 대단했다. 반깁스를 하고서 집으로 돌아오는데 뼈를 맞춰만 주었을 뿐인데 통증이 반으로 줄었다.

다음날 의뢰서를 들고 강원대병원을 가니 원무과 직원이 환자가 많아 오늘 진료가 될지 모르겠다기에 가슴이 철렁했다. 몇 시간을 기다려 진료를 보고 수술 날을 잡았다. 수술 후 회진을 온 의사가 손목이 너무 산산조각이 나서 맞추느라 힘들었다고 하면서 "혹시 골다공증이 있냐?" 묻는다. 3년 전 어깨 통증으로 무척 고생했는데 그때 춘천의 여러 병원을 전전하다 서울에 있는 유명한 대학병원까지 갔었지만, 소용이 없었다. 그 무렵 지인이 O.K 정형외과를 추천하길래 갔더니, 골다공증 검사를 하자며 만 65세 미만은 의료보험 적용이 안 되는데 괜찮냐 묻기에 아픈데 그게 대수냐며 그냥 했다. 그때 골다공증 수치가 -2.8이 나왔는데 이 나이에 이런 수치는 드물다고 하며 뼈 주사를 맞으라고 해서 맞았지만, 골다공증에 대해 아는 게 없으니 도대체 그 수치가 어느 정도라는 것인지 알 수 없었다. 집에 돌아와 인터넷으로 공부하니 그 수치는 70대 후반의 수치였다. 그리고 몇 번 더 방문해 주사를 맞아도 통증이 안 나아서 다른 신경외과를 갔다. 거기서는 어깨에 석회가 좀 있고 염증도 심하다고 해서 주사를 맞다가 물어봤다. "O.K에서 골다공증 수치가 높다고 했는데 그것도 어깨통증과 관련이 있느냐?" 물으니 의사가 고개를 갸웃하더니 "우리병원 기계가 들여온 지 얼마 안 되었는데 한번 해보실래요?" 하기에 거기서 또 했더니 골다공증 전 단계로 나왔다. 그래서 3개월에 한 번씩 주사를 맞으며 O.K

를 안 갔더니 그 후 O.K에서 전화도 오고 문자도 왔지만 다신 안 갔다. 말을 끝내며 "어째서 병원마다 수치가 틀리는지요?" 물으니 "그럼, 여기서 다시 한번 해보실래요?" 하기에 내친김에 또 했다. 결과는 삼성과 같은 전 단계로 나왔다.

퇴원 후 지인을 만나 손목을 보여주며 이야기하다가 또 다른 나의 오류를 발견했다. 다치던 날 119를 부르지 않고 입술을 덜덜 떨며 자가운전으로 내려왔다는 내 말에 그 사람이 의아한 듯 나를 한참을 쳐다보았다. 그러더니 왜 사람이 그렇게 미련하냐며 119를 불렀으면 고통은 훨씬 덜했을 거라 말했다. 전문가들이 부목을 대서 일단 안전하게 이송했을 것이고 병원 측과 협의하여 도착 시 의료진이 기다렸다가 바로 필요한 처치를 해주었을 거라 말했다.

생각해보니 그랬다. 자가운전으로 내려오는 동안 고통스러워서 손목을 마구 움직였고 병원 두 군데를 거치면서 통증은 보태졌다. 다음 날 몇 시간을 기다려 겨우 진료를 보고 5일이나 기다렸다 수술했다. 슬픔도, 아픔도 참는 게 익숙했고 참는 게 다른 사람을 불편하지 않게 하는 것이란 생각이 통증을 키웠고 회복을 더디게 했다. 때론 적당한 엄살도 필요한 것인데 자기 오판이 화를 키웠다. 몸도 마음도 아플 때는 아프다 슬플 때는 슬프다 표현하는 것이

나를 위하는 것이고, 그렇게 하는 것이 마음의 상처를 덜 받는다는 걸 아프면서 배웠다. 자기표현에 능한 사람이 대우도 받는다.

다친 지 두 달이 넘어 이제는 손목도 어느 정도 좋아졌다. 한 달에 한 번씩 병원을 가야 하고 1년 후 손목에 박힌 철심을 제거하는 수술을 해야 하지만 어느 정도 일상을 회복했다. 3년 전 어깨통증 때부터 뼈의 중요성을 절실히 느꼈었는데 이번에 다치면서 부러진 손목 사진을 보니 손목뼈가 텅 비어있었다. 의사도 그 부분을 가리키며 텅 비어있어서 콘크리트 시술을 했노라 설명했다. 이제부턴 뼈를 채우는 노력이 필요할 것이다. 과연 어느 병원을 찾아가야 양심적인 의사가 환자의 고통을 진정성 있게 위로하며 환자의 입장을 배려한 진료를 해줄까? 내가 정녕 그런 의사를 찾을 수는 있을까? O.K 정형외과는 진료비가 비싼 골다공증 검사를 남발하면서 연관되는 주사까지 맞기를 권했다. 환자가 부담하는 고액의 진료비에 눈이 어두워 환자를 자기의 돈벌이 도구로 취급한 것이다. 아무리 돈이 중하다 한들 부서져 여러 조각이 난 손목을 안고 들어온 환자를 응급으로 뼈를 맞추어서 고통을 줄여준 후 골다공증 검사를 하자고 해야 이치에 맞는 것이다. 오직 돈벌이에만 혈안이 되어 환자의 고통을 외면한 채 고액의 검사만 종용하는 병원과 그

병원의 의사를 의사라 말할 수 있을까? 이제 나는 그런 가짜 의사 말고 진짜 의사를 찾아 나서야 한다. 어딜 가야 진짜 의사를 만나 뼈를 채우고 건강을 회복할 수 있을까? 곰곰이 생각해봐도 진정 알 수 없으니 지금 나는 참으로 막막하다.

오늘의 거짓말

차도지계(借刀之計)란 '남의 칼을 빌려 일을 해결함'이란 뜻이다. 예나 지금이나 정치란 남의 입을 빌려 누군가를 헐뜯는 기술이 넘쳐나는 곳이다. 하여 무엇이 진실인지 가려내기 매우 힘들다.

우리를 대신하여 진실을 가려준다는 기자들도 돈과 권력에 결탁하여 가짜뉴스를 전달하는 일이 다반사이니 과연 무엇을 믿어야 할지 몰라 혼란하긴 매한가지다. 미디어의 발달로 누구라도 방송을 할 수 있는 지금은 사정이 더 심각하다. 자신의 잇속을 챙기려고 혈안이 된 사람들이 목소리를 높여가며 자기만의 정치를 하고 있다. 누구의 말이 맞는지 가늠조차 되지 않는다. 지나간 사건이 정권이 바뀌면서 뒤집힐 때는 그 결론마저 의심이 들기도 한다. "지금은 맞고 그때는 틀리다."라는 영화의 대사에 사람들이 열광한 건 그 말 자체가 정치의 속성과 너무나 닮아서였다. 모두가 그렇지는 않지만, 자신의 유불리를 따져 수사하는 정치 검찰들도 진실을 찾기보다는 자신이 믿는 그분의 입맛에 맞는 맞춤형 수사를 한다.

아무리 대본을 잘 짜도 살아 움직이는 것이 정치다 보니 엉뚱한 수혜자가 생기기도 한다. 2017년부터 시작된 적폐 수사에 처음엔 모두 환호했었다. 허나 몇 년에 걸쳐 끊임없이 적폐 수사란 말을 듣다 보니 나중엔 피로감이 몰려왔다. 제발 이제, "그만 좀 하지." 이건 나만의 생각은 아니었나 보다. 2022년 대선에서 엉뚱한 영웅이 수혜를 입는 걸 보면서 역시 정치란 참으로 재미있구나? 생각하며 혼자 웃었다. 적당한 선에서 물러설 줄 아는 현자의 지혜가 아쉬웠다.

민의를 먹고 사는 정치인들은 민의를 외면한 채 자기들만의 정치를 하고 국가기관 회의장에는 수시로 저급한 고성과 막말이 오간다. 상대의 감정을 교란하고 이간질에 능한 이들도 정치인들이다. 행여 바른말을 해서 당에서 배제당하고 버려지는 최후를 맞이할까 봐 늘 전전긍긍 하면서 걸견폐요(桀犬吠堯, 걸 왕이 키우는 개가 요 임금을 향해 짖는다.) 한다. 우리 진영의 논리가 틀린 것을 알면서도 물개박수와 잇몸 만개로 화답해야 하고 상대 진영의 논리가 정의로운 것임을 알면서도 침묵해야 한다. 모든 사회가 그렇게 꾸려져 간다고 해도 정치만은 정의롭고 선명해야 한다. 정치가 그렇게 흘러가는 나라의 백성들은 미래가 불안하다.

2017년, '과정은 공정하고 결과는 정의로울 것'이라는 대통령의 취임사에 눈물 흘렸던 아낙이다. 정치는 해본 적도 없고 배운 것도 없는 시골 아낙이 눈물을 흘린 까닭은 살면서 반칙과 특권에 휘둘리고 억울하게 당해왔던 어두운 기억이 되살아났기 때문이다. 좋은 세상이 올 것이고 투명한 원칙이 통할 것이라는 기대와 함께 우리의 자식들만은 반칙 없는 세상에서 공평하게 살 것이라 기대했었다.

그러나 속속들이 드러나는 반칙과 특권층의 처세는 대통령의 말과는 전혀 다른 대척점에 있었고 집값은 하루가 다르게 고공행진을 하고 있었다. 모든 재화는 남아돌면 그 가치가 하락한다. 집값이 오르는 것은 그 수요가 모자라기 때문인데 다주택자 중과세에 임대차 3법까지 급조해 내면서 법으로만 묶어두려는 어리석은 발상으로 부풀려진 집값은 이제는 서민들은 도저히 가질 수 없는 요새가 되었다.

2019년, 신년 기자회견에서 집값만은 자신 있다는 말과 함께 집값이 많이 오른 곳은 원상회복시키겠다는 말에 회견을 보다가 나는 실소가 터져 나왔다. 경험상 한 번 오른 집값은 절대 내리지 않았는데 촌 아낙도 알고 있는 법칙을 나라님이 모르고 있었다. 그러고 나서 쏟아낸 정책은 이중삼중의 법안이었다. 무, 배추가 대파가

법으로 묶어둔다고 하락하지 않는다. 많이 재배해서 넉넉하게 공급하면 금 배추도 금 대파도 저절로 없어진다. 아파트가 모자라면 건축으로 수요를 충당해야 하는데 끊임없이 법안만 만들어서 정책에 반영했다. 날마다 바뀌는 법에 심지어 그 분야 종사자도 바뀌는 법안을 따라가지 못할 정도였다. 오락기 두더지를 잡듯, 수없는 법안을 통과시켰지만 결국 임기 말이 되어서야 집값에 대한 자신의 실책을 인정했다.

2022년, 또다시 공정을 화두로 들고나오면서 자유민주주의를 외친 대통령이 있었다. 그는 모든 연설에서 자유와 민주를 외쳤지만 2024년 12월 3일의 계엄은 진정 자유민주주의에서 일어날 수 있는 일이었을까?

자신의 말을 뒤집고 전혀 다른 말을 하는 신뢰할 수 없는 정치인은 소신의 정치 내신 대본의 정치를 할 확률이 높다. 지도자의 모든 결정은 국민의 삶과 직결된다. 지도자가 우리를 젖과 꿀이 흐르는 가나안의 땅으로 데려가는지 아니면 국민 모두를 진창에 처박는지 아무도 설명해주지 않아도 시간이 지나면 저절로 알 수 있다.

금융기관의 부실을 제대로 관리하지 않으면서 외화를 마구 방출하고 외환보유고를 바닥이 나도록 만들었던 건 정치였다. 결국

IMF라는 사상 초유의 비극을 초래했지만, 책임은 일반 서민들의 몫이었다. 배운 사람, 못 배운 사람, 또는 정권에 가깝고 멀고를 떠나 모든 사람이 예측 가능한 사회가 좋은 사회이다. 누구나 예측하고 계획하면서 소소한 행복이 보장되는 안정된 사회는 일반 서민들의 미래를 든든히 받쳐준다.

서로가 상대의 잘못이라 말하면서 반으로 쪼개져 아귀다툼하는 오늘의 거짓말은 어떻게 결론이 날 것이며 어떤 식으로 수습되어 언제쯤 다시 일상을 찾을 것인가?

그녀의 사과

 2023년 추석 무렵, 어머니를 뵙고 돌아오는 길이었다. 차를 돌리는데 다급히 뛰어나온 어머니가 다음에 올 때 이걸 꼭 사 오라며 주황색 헤어로션 통을 보여주었다. 알았다고 대답하고는 집으로 돌아와서 까맣게 잊어버렸다. 추석 이틀 전날 전화를 한 어머니가 그 헤어로션과 트리오를 함께 사 오라며 다시 전화하셨을 때 아차 싶어 부랴부랴 차를 끌고 집 근처부터 대형할인점까지 모두 뒤졌지만, 문제의 그 제품은 찾을 수 없었다.

 하는 수 없이 인터넷을 뒤져 주문했는데 연휴인 관계로 배송이 늦어졌다.

 연휴가 끝난 다음 주말 화장품을 들고 갔더니 이미 당신이 샀다며 필요 없다고 한다. 누군가 물건을 사다 주어야 하는 외딴곳이라 어떻게 샀냐? 물었더니 추석 연휴에 다니러 온 둘째 언니와 함께 중앙시장을 나가서 샀다는 것이었다. 내가 두 개를 사서 가지고 갔는데 어머니도 두 개를 샀다며 보여주었다. 똑같은 제품이 무려 4통이나 되니 도저히 어머니가 혼자 사용할 수 없는 많은 양이었다. "그럼 내가 산 걸 엄마가 쓰고 엄마가 산 걸 나를 주세요. 그럼 서로 사준 게 되잖아?" 하니 그러자 한다. 집으로 돌아와 어휴! 두 개씩이나? 이걸 언제 다 쓴담? 더구나 내가 쓰는 제품도 아닌데… 하며 혼잣말을 하다가 물건을 살펴보는데 이상했다. 하나는 유통기한이 내년 5월까지인데 또 하나는 유통기한이 이미 4월로 지난 제품이었다. 무려 5개월 전에 유통기한이 끝난 제품을 80세가 넘은 노인에게 버젓이 판매한 것이었다. 알면서 판 건지 모르고 판 건지는 알 수 없었다. 아직도 어머니 집에 남아있을 올케에게 전화했다.

사정을 설명하고 화장품을 어디서 산 건지 어머니께 물어보라 하니 한참 후 녹음파일을 보내온 올케가 전화했다. "형님 도저히 어머니 말을 알아들을 수 없어서 녹음해서 보냈는데 알아들을까 모르겠네요." 한다. 내용은 이랬다. "연휴 끝나고 첫날 둘째네 하고 중앙시장을 가서 미장원에 들렀데이, 머리를 짤르고 빨리 나오라 길래 거서, 요래 나오다 보믄 골목이 두 개가 있잖트나? 한쪽은 고기도 팔고 건어물도 파는데 또 한쪽은 옷가게도 있고 신발 파는 데도 있고 좌판에. 왜에? 그 골목에 점빵이 많치 않드나? 글로 쭉 가다가 보자, 옷가게 앞집인 갑다." 이렇게 녹음파일은 끝났다. "형님 알아들을 수 있겠어요?" 톡이 왔길래 "외계어야." 하며 웃었다.

며칠 후 시청에 갈 일이 있어 갔다 오는 길에 중앙시장을 들렀다. 어머니가 자주 가는 '옥 머리방'에서 중앙시장 입구로 나오는 길은 골목이 두 개였다. 한쪽 골목은 식당과 정육점 건어물 등의 가게이고 다른 골목은 어머니 말대로 옷과 신발 등의 물건을 파는 가게와 좌판이 있는데 그중 딱 한 집 화장품을 파는 가게가 있었다. 들어서니 어머니가 산 그 화장품이 왼쪽 입구에 진열되어있었다. 주인인 듯한 여자가 무얼 찾느냐기에 추석 연휴가 지난 첫날, 이 화장품을 사 간 80대 할머니를 혹시 기억하냐고 물으니 왜 그러냐기에 이유를 말하며 어머니와 주고받았다는 이야기까지 친절하게 설명했다. 아주 잠깐 침묵하더니 선심 쓰듯 "가지고 오세요. 바꿔줄게요." 한다. 어이가 없어서 "그게 중요한 게 아니고 사장님이 파신 게 맞는지를 먼저 밝히셔야지요. 아무런 사과 없이 선심 쓰듯 바꿔준다고만 하는 이런 무성의하고 무책임한 경우가 어디 있어요." 하니 자신이 판매한 게 아니란다. "자신이 판매한 게 아닌데 왜 바꿔준다는 거예요?" 대답을 못 한다. 노인에게 유통기한을 한참 넘긴 물건을 판 저의가 괘씸했다. "다시 설명할게요. 이러이러한 할머니가 이 제품 하나를 샀다가 나온 김에 하나 더 사야겠다며 하나를 더 달라고 하니 진열된 게 아닌 탁자 아래에서 하나를 더 꺼내서 준 게 맞나요?" 다시 물으니 아니란다.

"하는 수 없네요. 그러면 어머니를 모시고 올게요. 제품은 우리 집에 있어요. 사장님이 인정하고 사과한다면 그것만 가져와서 환불받겠지만, 아니라고 굳이 우기면 어머니를 모시고 와야 하는데 여기서 25km의 거리입니다. 모시고 왔다가 다시 집에 모셔다드리면 100km의 거리인데 기름값과 시간당의 보상은 어떻게 할 건지요?" 물으니 그걸 왜 나한테 말하냐며 오히려 큰소리였다. 더는 말이 안 되니 그냥 나왔다. 현금거래를 했고 아무런 증거가 없으니 자신이 팔지 않았다고 우기는 것이었다. 중앙시장 입구 사진을 찍고 그 가게 사진을 찍었다.

어머니에게 가서 시장 입구 사진을 보여주며 여기서 그 화장품 가게가 오른쪽이야? 왼쪽이야? 물으니 왼쪽을 가리킨다. 화장품 가게 사진을 보여주니 "여기 맞네." 한다. 어머니를 태워 시장에 도착해서 주차하고 길을 건너 중앙시장 입구로 들어서며 일부러 한 발짝 뒤에서 천천히 따라 걸었다. 어머니가 그 가게로 쑥 들어가기에 뒤따라 들어서며 "어제 왔던 사람이에요. 제가 혹시 몰라서 어머니 뒤를 따라왔는데 한 치의 망설임도 없이 이 집으로 들어오시네요. 이래도 기억이 안 나는지요?" 하니 여전히 기억이 안 난다며 잡아뗀다. 환불을 요구하니 어머니는 개당 7,000원에 샀다 하고 그녀는 개당 6,000원씩 팔았다며 우긴다. 끝까지 어이없는 사람이었다.

집으로 돌아와 중앙시장 대표번호로 전화해서 지금까지의 일을 말하고 당장 조치하지 않으면 시청 경제과에 연락해서 고발 조치하겠다며 전화를 끊었다. 10분쯤 후에 전화가 왔다. 자기가 잘못했다며 사실은 자신이 교통사고 후에 정신이 오락가락한다며 한 번만 봐주면 안 되냐? 한다. "참으로 비겁한 핑계네요." 하는 내 말에 "맞아요." 하길래 "어제 처음 이야기할 때 사장님은 다 기억났어요. 내가 사장님 눈빛을 쳐다보며 말했잖아요. 그런데 끝까지 아니라고만 하데요." 하니 "사실 어제 나가고 난 뒤에 어렴풋이 기억이 났는데 나가고 난 지 한참 되어서 부르러 나갈 수 없어서 그냥 말았어요." 하기에 "저런 또 거짓말을 하시네. 그러면 오늘 우리가 갔을 때 바로 사과했어야지요. 아까 낮에 다시 갔을 때까지 기억이 안 난다며 시치미 뗐잖아요." 하니 말을 못 한다.

"어제도 일부러 길게 이야기를 했어요. 중간에라도 '생각났어요.' 하며 사과하고 나갈 수 있는 출구를 열어주려고요. 그런데 끝까지 아니라고 했고 오늘 일부러 어머니를 모시고 갔는데도 그렇게 시치미를 떼니 아주 괘씸하데요. 그래서 시청 경제과에 고발해서 벌금 좀 물리려 했지요." 하니 정말 죄송하다며 잘못했다 말한다. "진심으로 사과하는 거예요?" 물으니 그렇단다. "그 사과 받아들일게요. 대신 부탁이 있어요. 우리 어머니처럼 나이 드신 분은 어린아이나 장애인처럼 보호하고 보살펴야지 어리석다 해서 속여먹는 대상이 아닙니다. 앞으로 그렇게 하지 마세요." 따끔하게 경고했다. 마음 한쪽으론 어머니까지 동원하게 한 괘씸죄로 벌금을 물게 할까 하는 생각도 있었지만, 요즘의 나는 그런 일에 쏟을 에너지가 없었다. "노인들이 카드를 사용하지 않고 현금으로 준다고 그걸 이용하면 안 되잖아요." 하니 정말 죄송하다며 빌었다. 거짓말을 덮으려 또 다른 거짓말을 하는 그녀와의 대화에서 피곤이 우르르 몰려왔다.

어린이와 노약자를 상대로 속이는 것은, 가장 비열한 짓이다. 피싱 사기나 투자 사기같이 노인을 상대로 하는 범죄가 끊이지 않고 기승을 부린다. 우리 어머니는 문자조차 찍을 줄 모르고 전화를 걸고 받고 밖에 할 줄 모르니 피싱을 당할 염려는 아예 없다. 어설프게 아는 사람이 오히려 신분증 사진이나 통장 사진을 찍어서 전송했다가 송두리째 털리는 것을 주변에서 많이 보고 들었다. 아마도 누군가 우리 어머니에게 피싱하려고 전화해서 이것저것 요구한다면 답답하고 화가 나서 제가 먼저 먼저 끊어버릴 것이란 생각이 들어서 나 혼자 한참을 깔깔대고 웃었다. 사과는 받았지만 찜찜한 기분은 쉽게 풀어지지 않았다. 녹차를 진하게 우려 마음을 씻어내려고 찻물을 끓이다가 오락가락하는 마음을 달래보려 콧노래를 흥얼거렸다.

이런 KBS

　시내에서 동떨어진 산 밑의 작은 오두막집에 사는 어머니의 집은 우리 집에서 약 17km 정도 떨어져있다. 시내의 아파트에 사시다 집을 짓고 이사를 가신 지가 20여 년 정도 되었다. 바닥 난방을 전기 패널로 하는 조립식 주택인데 어머니가 전기세를 아끼겠다고 보일러를 자꾸 끈다. 그러지 마시라고 오 남매가 돌아가며 한마디씩 하면 대답만 할 뿐 다음에 가면 또 꺼져있다. 그걸 본 막내 여동생이 어머니의 전기 요금을 자신이 내겠다고 고지서를 가져가 자신의 계좌에서 자동이체를 하고 있었다.

　그것을 얼마 전부터 어머니가 신경 쓰인다며 당신의 계좌로 다시 돌려놓으라며 성화였다. 정 그러시면 전기 요금 고지서를 가지고 만나자 했더니 고지서를 가지고 내려오셨다. 한전에 고지서에 적힌 고객 번호를 불러주고 자동이체 명의를 바꾸어주었다. 용건이 끝난 고지서를 어머니에게 돌려주려다가 대체 전기 요금이 얼마나 나오길래 그러는지 궁금했다. 용지를 들고 자세히 들여다보는데 이상하다. 어머니가 사시는 곳은 난시청 지역인데 전기 요금에 KBS 시청료 2,500원이 함께 부과되고 있었다. 확인을 해봐야 할 것 같았다.

방송사에 전화해서 물었더니 디지털 방송을 시작하면서 난시청 지역이 모두 해소되어서 지금은 난시청 지역이 없다고 했다. 그러면 난시청 지역인지 아닌지 직접 가서 확인해보고 다시 말하자 하니 굳이 그럴 필요가 없다며 단호하게 거절했다. 하는 수 없이 방송사에 민원을 넣었더니 3일 후에 전화가 왔다. 현장에 가서 측정해보니 난시청 지역이 맞다고 한다. "그러면 지금까지 받은 시청료 10년 치는 돌려주셔야겠네요." 물었더니 자기는 기술진이고 그건 담당 부서가 따로 있으니 연락할 거란다.

다음날 전화가 왔다. 2009년 8월부터 부과했고 대략 9년이라고 설명하니 "2015년 1월과 2월에는 집에 사람이 없었나요?" 묻기에 그때 어머니가 관절 수술을 하셔서 집이 비었었다 했더니 그러냐면서 전기를 사용하지 않아서 시청료도 그 두 달은 부과하지 않았다 한다. 그러면서 법적으로 다 돌려줄 수는 없고 5년까지만 돌려주게 되어있는데 어머니가 사는 곳이 아날로그 수신일 때는 난시청 지역이 아니었다. 디지털 방송을 하고 나서부터 난시청 지역이 되었기 때문에 법적으로 디지털 방송을 시작한 그 시점부터 계산한다. 정확히 2년 반 전부터 디지털 방송을 했기 때문에 그 2년 반에서 두 달을 제하고 대략 2년 치 정도를 돌려주겠다는 요지의 이야기를 아주 길게 했다.

다 듣고 나서 선생님이 자꾸 법을 얘기하는데 나는 법은 잘 모른다. 2009년 집을 짓고 전화를 이전하려 하니 이전이 안 되고 그곳은 따로 공사비를 내야 한다고 했다. 당시 공사비로 550,000원을 내야 한다고 하기에 포기하고 하는 수 없이 스카이라이프를 달아서 그걸로 보고 있다. 난시청 지역을 해소하겠다고 디지털화했는데 오히려 디지털화되고 나서 난시청 지역이 되었다는 말을 지금 나보고 믿으라는 거냐? 거기가 산 밑이라 전파가 미치지 못해 디지털화된 지금도 난시청 지역이라면 그때도 지금도 난시청 지역인 것이다. 상식적으로 생각할 때 아날로그일 때 난시청 지역이 아니었는데 디지털화된 지금 난시청 지역이 되었다는 이론을 과연 누가 믿겠느냐? 그리고 난시청 지역에는 시청료를 부과할 수 없다는 걸 외곽에 사는 노인들이나 일반 국민이 얼마나 알고 있다고 생각하느냐? KBS가 난시청 지역에는 시청료를 안 받는다는 걸 사람들에게 얼마나 홍보를 했냐? 물었더니 2014년도에 한 번 했었단다.

"2014년도요? 그걸 말이라고 하는 겁니까? 일반 국민 대다수가 알지 못하는 걸 아무것도 모르는 80세의 노인들이나 우리 어머니가 쉽게 알 수 있었을까요? 방송이 수신되는지 안 되는지 확인도 안 하고 마음대로 받아놓고 이제 와 돌려줄 수 없다면 아무것도 모르는 노인을 상대로 KBS가 삥 뜯은 건가요?" 물었더니 무슨 말을 그렇게 하느냐 한다. 시골이나 외곽에 거주하는 사람은 다수가 노인들인데 당신들 마음대로 전기세에 붙여 강제징수를 해놓고 2년 치만 돌려준다는 것을 나는 절대로 수용할 수 없다. 대다수 가구에서 KT나 SKT 같은 통신사에 또다시 가입하면서도 KBS에 세금처럼 바치는 이유는 공영 방송이라는 이유 하나인데 지금 당신들이 하는 처사는 매우 온당치 않다.

처음엔 법적으로 5년 치 이야기를 하다가 디지털 어쩌고 하면서 2년 치 그런 식으로 묘하게 사람을 회유하는데, 법적인 그런 거 말고 차라리 KBS 방송에 올려서 제대로 논쟁하면서 국민 감정상 어떤 게 맞는 건지 한번 물어보자고 했더니 "아, 내가 안 준다는 게 아니고요. 위에다 보고하고 다시 전화하겠습니다." 이틀 후에 전화가 다시 왔다. 법적으로 돌려줘야 하는 5년 치에서 어머니가 없었던 두 달 치를 빼고 145,000원을 돌려주겠단다. 더는 싸우기 싫어서 그러라 했지만 "이런 KBS"라고 한마디해주고 싶었다.

국민 파출부

 2015년에 습득한 요양 보호사 자격증으로 구직 신청을 했더니 연락이 왔다.

 요양원이나 기관을 갈 수도 있지만 짓고 있는 집도 들러봐야 하고 이런저런 일들이 많아서 방문 요양을 선택했다.

 우리 집과 이웃인 아파트를 방문했더니 머리가 하얀 팔순의 할머니가 계셨다. 함께 간 복지사 선생님이 할머니에게 나를 소개하고 무엇을 해드려야 하는지 설명했다. 세 식구가 아침을 먹고 난 설거지 그리고 거실과 주방, 할머니의 방까지 청소하란다. 그 정도일 거라 짐작했던지라 고개를 끄덕이는데 할머니 왈, "아파트 단지 내에 있는 경로당에는 청소하는 할머니가 날마다 걸레를 들고 살아서 양말이 더러워지지 않는데 집에 오면 요양 보호사가 손 걸레질을 안 하고 마대로 밀기만 해서 양말이 더러워진다. 어젠 자신이 엉덩이로 밀고 다니며 손 걸레질을 했더니 걸레가 새까맣게 되더라며 손걸레질 할거지?" 하며 우리 두 사람을 번갈아 쳐다보았다.

 복지사 선생이 얼른 날 쳐다보길래 피식 웃으며 "우리 집도 밀대로 밀어요. 요즘 누가 손걸레질을 하나요?" 했더니 복지사 선생이 "슬슬 밀지 말고 빡빡 밀면 안 되나요?" 손으로 동작까지 하면서 내게 묻는다.

복지사가 돌아가고 혼자 있던 할머니의 앞뒤 없는 이야기가 이어지더니 복지사 선생이 89세라던 할머니의 나이가 갑자기 94세가 되었다.

고향을 물어보고 이름을 물어보던 할머니 이야기가 다시 청소로 돌아오더니 경로당에 청소하는 할머니는 한 달에 20만 원을 받는데도 그렇게 청소를 열심히 한다며 또다시 걸레질로 이야기가 넘어갔다. 얼른 화제를 돌려 나도 할머니 호구조사를 시작하니 자식 이야기 손주 이야기, 손손주 이야기까지 길게 이어지는 할머니의 이야기를 슬며시 끊고 청소기를 찾으니 엥, 고장 났다. 하는 수 없이 새카맣게 씨늘어 본래의 색이 사라진 막대 걸레를 찾다가 밀대로 밀어서 먼지를 제거하면서 청소를 하고 나니 그 더러운 걸레를 물로만 빨아놓을 수가 없었다.

장갑도 없이 남의 집 걸레를 비누칠해서 치대어 빠는데 좀 그랬다. 아무리 치대고 솔로 문질러도 오래도록 쌓인 때라서 좀체 안 빨렸다. 얼마쯤 있다가 수영을 갔다던 내 나이 또래의 여자 둘이 돌아왔다. 할머니는 장애가 있는 아들하고 그 첫째 딸하고 셋이 함께 산다고 했다. "안녕하세요?" 인사를 하자 "오늘 처음 오신다는 아줌마이시구나?" 한다. 청소기가 고장 났다고 하니 그거 원래 못 쓰는 거란다. 자기도 밀대로 밀어서 그냥 한다나. 쩝… 그러더니 하는 말이 엄마가 워낙 깔끔한 성격이라 지난번 아줌마가 청소를 제대로 안 한다고 늘 불만이었다며 신경을 써달란다. 마지막으로 낮에는 장애가 있는 오빠의 점심을 챙겨달라고 말했다.

집으로 돌아오니 복지사 선생이 전화해서 오늘 처음 다녀온 소감을 묻는다. 근로 계약서를 작성해야 한다기에 만나서 이야기했다. "할머니가 제일 처음에 하신 말씀이 손 걸레질이었잖아요. 그 집이 우리랑 똑같은 32평형이던데 거실, 주방, 할머니 방까지면 실상 그 집을 거의 다 청소하는 것이거든요. 그걸 모두 손 걸레질을 하라는 건 무리한 거지요." 내 말에 복지사 선생이 "교육받은 거랑은 좀 다르시지요?" 하더니 "요양보호는 거의 다 그렇다고 보시면 돼요. 그걸 안 해준다고 하면 이런 기관들이 워낙 많으니까 다른 기관에서는 해준다는데 그럼 다른 기관으로 옮기겠다고 하니 다들 그냥 그렇게 합니다."라며 계면쩍게 웃기에 "제가 장애인 활동 보조를 3년 정도 했었는데 장애인 활동 보조 일하면서도 그런 점들이 매우 어려웠어요. 기관에서 하는 말과 실제 현장에서는 아주 다르니까요. 차라리 다른 가족이 없다면 얼마든지 해주어도 괜찮은데 그 집 같은 경우도 다른 가족들이 공유하는 주거 공간까지도 모두 청소해달라고 하면서 손걸레질을 요구하면 안 되지요. 그래서 말인데요. 제가 알아서 잘 조절해볼게요. 알고는 계시라는 거지요. 혹시 가족들이 무슨 얘기를 하더라도 말이지요. 무슨 뜻인지 아시지요?" 했더니 복지사 선생의 얼굴이 환해지더니, "아~! 예. 감사합니다. 잘 알겠습니다." 했다.

모든 일은 현실과 이상이 함께 공존한다. 마지막으로 요양급여 제공 기록지 작성을 설명하면서 서비스 제공 중에 신체 활동, 인지 활동, 정서 지원, 가사 및 일상생활 지원 등등이 있는데 그중에 말벗, 격려는 시간 체크를 하면 안 된단다. 왜냐고 물으니, 그건 돈이 안 나온단다! 참내, 교육받을 때는 정서 지원도 아주 중요한 서비스로 배웠는데… 실제로 할머니들의 긴 이야길 들어주고 동조해주는 것도 에너지가 아주 많이 필요한 일인데, 까짓것 다른 난에다 쓰라니 쓰면 되지만 눈 가리고 아웅이다. 김영란법도 또 다른 어떤 법도 이렇게 현실과 이상 사이에서 흔들리고 있겠지.

침묵으로 동참

　요양 보호사 둘째 날인 어제 주방 설거지를 해놓고 할머니에게 따님 전화번호를 여쭈었더니 대답을 못 하신다. 왜 그러냐기에 "어제 청소하다 보니 막대 걸레에 사용하는 걸레가 너무 더러웠어요. 장갑도 없이 손빨래하니 좀 그래서 고무장갑을 사다가 놓으라고 해야 할 것, 같아서요." 했더니 "걸레가 더럽지?" 하신다. "할머니가 모르시면 복지사 선생님에게 물어볼게요." 하고는 센터에 전화해서 따님 전화번호를 물었더니 왜 그러냐 물었다. 이유를 설명하니 번호를 안 가르쳐주고 나더러 그냥 고무장갑을 사시고 영수증을 사진으로 보내주면 자기가 나에게 돈을 주겠단다. 황당해서 다시 물었다. 이 집에 사용되는 건데 왜 그래야 하냐고 했더니, "얼마 안 하는 건데 사 오라 마라 하면 성가시게 생각할 수도 있고 그냥 그렇게 하세요." 한다. 그러곤 "얼마 안 하니까 그냥 후하게 하지요. 뭐." 하길래 "저도 그 정도의 돈은 있어요. 저는 그게 얼마이고 그런 문제가 아닌데요." 했는데도 굳이 그렇게 하란다.

센터들이 우후죽순 생기면서 한 사람이라도 더 데리고 와서 수익을 내기 위해 경쟁하다 보니 지나치게 대상자와 그 가족들의 비위를 맞춘다는 생각에 기분이 안 좋았다. 한참을 생각하다가 또다시 맨손 빨래를 해놓고 우울하게 집으로 돌아왔다.

다음날 집에서 아예 고무장갑을 한 켤레 가지고 갔는데 할머니가 벽장문을 열어놓고 뭔가를 찾고 계셨다. 뭘 찾으시냐고 여쭈니 누군가 당신에게 쓰라고 준 돈을 잃어버리셨다며 아무리 찾아도 없다고 하는데 기분이 별로 안 좋다. 가끔 우리 어머니도 돈을 두고 못 찾아서 혼자 끌탕하실 때가 한두 번이 아니기에 할머니를 모시고 거실로 나와서 이런저런 이야기를 주고받으며 화제를 바꾸었다.

한참을 이야기하다가 "일 좀 할게요." 하며 일어나는데 거실 탁자에 놓인 내 가방과 고무장갑을 보더니 사 왔냐고 물으시며 돈을 주겠딘다. 아니라고 "나음번에는 날라고 할게요." 하고 설거지를 하는데 싱크대 옆으로 오시더니 "저기 있잖소." 하시며 잠시 머뭇거리더니 나를 쳐다보며 하시는 말이 "우리 딸이 자기가 얘기하기가 그렇다고 나보고 하라는데 이따가 청소할 때 신발장 안에도 다 닦아 달라고 하라는데." 하길래 "신발장을요?" 했더니 "응 그거 왜 신발장에 허연 먼지가 많이 있잖아."

헐… "할머니 그런 걸 저한테 해달라고 하시면 안 돼요." 그러자 "왜 안 돼?" 하신다.

"안 되지요. 온 가족이 함께 쓰는 신발장 안까지 닦아달라시면 안 돼요." 말은 웃으면서 하는데 속마음은 '제정신들이 아닌 거야!' 욕이 나온다. 할머니 신발은 딱 한 켤레, 당신이 신고 다니는 운동화 그것뿐인데 신발장 안을 가득 메운 구두에 온갖 신발들은 모두 그 딸의 것이었다.

집으로 돌아와 배 속 든든하게 점심밥을 먹고 늦은 오후에 복지사 선생에게 전화를 걸었다. 신발장 안까지 닦아주는 거냐고. 아니란다. "나는 원칙주의자인데 어제 일도 대상자나 그 가족의 눈치를 지나치게 보는 것 같아서 기분이 안 좋았는데 오늘 그런 무례한 요구를 받고 보니 생각이 많네요. 혹시 제가 요양 보호사 일이 처음이라서 잘 모를 거로 생각해서 더 무리한 요구를 하는 건지 아니면 지난번 하시던 분한테도 그랬는지요?" 물었더니 자기가 그 따님하고 이야기를 해보겠단다. 어차피 나 한 사람이 바로 잡을 수 없는 거라면 침묵으로 동조하거나 확 엎어버리고 그만두거나인데, 참! 다행이다. 두 가지 다 내 맘대로 할 수 있어서…

퇴직

요양 보호사 4일째, 청소를 마치고 할머니의 경로당 외출을 돕고 있는데 복지사 선생에게 전화가 왔다. 아파트 현관으로 내려오라길래 어제 따님에게 전화하겠다고 했으니 뭔가 해답을 갖고 왔겠지.

현관으로 내려가니 박카스를 들고 있다. 얼른 건네며 "힘드시죠?" 하며 웃더니 "어제 밤새 생각을 해봤는데요. 어르신들은 뭘 해달라고 했다가 거절당하시면 굉장히 서운해하세요." 하기에 "선생님 어제 제 말을 잘못 들으신 거 아닌가요? 할머니가 해달라는 게 아니고 딸이 엄마를 시켜서 이야기한 거라니까요." 확, 불쾌해졌다.

그랬더니 하는 말이 "제가 이 일을 8년째 하고 있는데요. 그런 거 저런 거 다 따져서 되고 안 되고를 구분 짓다 보면 일을 창출 못해요. 특히나 처음 하시는 분들은 교육받은 것과는 다르니 적응을 잘 못하시는데, 어느 정도 지나다 보면 에이! 그래 내가 양보하지 하면서 넘어가지거든요." 한다.

"전 그렇게 생각 안 해요. 할머니는 보행이 불편해서 신고 다니는 운동화 딱 그거 한 켤레인데 신발장에 가 보세요. 의류매장 한다는 딸의 구두만 가득한데 그걸 닦아주라고요?" 했더니 "신발장을 매일 닦는 건 아니잖아요?" 한다.

어이가 없어서 "그냥 제가 그만둘게요." 했다. "센터들이 대상자 한 명이라도 더 유치하기 위해 요양 보호사들에게 자신이 돌보던 분을 모시고 우리 센터로 오면 얼마를 더 주겠다고까지 한다는 등 시중에 많은 이야기가 있는 건 들었지만 그 정도로 대상자들 모시기에 애쓰는지는 미처 몰랐네요." 하며 쳐다보니 잠자코 말이 없다.

어젠 아니라고 따님하고 통화하겠다고 해놓곤 오늘 맘이 변해서 나를 회유하러 왔다는 건 그 센터의 운영 방침이 한눈에 보이는데 말해 뭣 하겠는가? 잠자코 있던 복지사가 다시 나를 쳐다보면서 하는 말이 "1시간 반이면 청소는 다 끝나시잖아요." 하길래 "그렇지요." 대답하니 "보호자들이 남는 시간에 해달라는데 그걸 안 해줄 거면 뭣 하러 오느냐고 그럼 올 필요 없다고 하거든요. 그 사람들도 다 돈을 내고 필요해서 이용하는 건데요." 하아, 참으로 어이없는 논리였다.

이용하는 금액은 재산 정도에 따라 차등 부과되는 것이고 대상자의 가족이 내는 돈은 (당시에는) 몇만 원에서, 많게는 십몇만 원, 아주 재산이 많은 사람은 이십만 원 조금 더 되지만 나머지는 전

국민이 의료보험료에서 강제 부과해서 걷어주는 돈인데 참내… 이 사람 진짜 복지사가 맞나? 싶었다. 이 사람이 생각하는 복지는 대상자 집에 가서 요양 보호사는 파출부를 해주고 자기는 수수료를 받고 그러면 끝이라 생각하는 것 같았다.

"나 한 사람이 이야기한다고 무뎌진 사람들의 의식이 달라지겠어요? 그리고 선생님이 생각하는 복지하고 제가 생각하는 복지는 좀 다른 것 같네요. 저는 오늘로 이 서비스 종료할게요. 이따가 사무실로 가서 제공 기록지 가져다드리고 정리하겠습니다." 인사를 하고 올라가니 단장을 마친 할머니는 경로당을 가시고 아들은 방에서 나오지도 않는다. 가방을 챙겨서 집으로 돌아오는데 친구에게 전화가 왔다. "언제 끝나냐고? 지금 끝났어. 나 퇴직당했다."

친구를 만나서 지금까지의 일들을 이야기했다. "그 사람이 나보고 1시간 반이면 다할 수 있고, 남는 시간에 가족이 요구하는 걸 왜 못 해주냐는 식으로 말하는데 어느 주부라도 가사노동을 청소로만 날마다 3시간씩 풀로 하는 주부가 있겠냐?"

내가 그 딸이라면 거동이 불편한 구순 노모가 혼자 있는데 누가 말벗도 해주고 지켜봐 주는 것만 해도 감사히 생각할 일이라 여기는데, 그 엄마를 이용해서 자신의 소중한 구두까지 보호하겠다는 그 딸의 의식이 참으로 놀랍다. 수입 브랜드인 유명 의류매장을 운영한다는 그 딸이 가게 보랴 수영하랴 골프하랴 친구 만나랴, 하루에 과연 엄마하고 온전히 세 시간씩을 마주 앉아 살펴보아주겠는가? 누군가가 나를 대신해 내 엄마에게 위로가 되고 함께해주는 것을 고마워하기는커녕 국민 파출부로 사용하겠다는 발상과 그에 화답해주는 기관이라니 가관이었다. 아무리 좋은 제도라도 제대로 쓸 때라야 진정으로 좋은 제도가 될 것이다.

2부
백색소음

스튜핏 SK 스튜핏 KT

2017년 7월 말쯤 2년 넘게 썼다고 휴대전화기의 통화가 자꾸 중간에 끊어진다. 2014년 인터넷 SK 결합 상품을 3년을 쓰고 만기가 되자 전화가 와서 하는 말이 오래 쓰는 장기고객이니 새로 나온 모뎀으로 바꾸어주겠다고 하면서 최신형이라 신호를 빨리 받아들여서 사용하기 편할 거라 설명했다. 그러라고 했더니 다음날 멀쩡한 기계를 바꾸어주고 새 기계의 임대 계약서라며 사인을 요구하길래 해주고 나자 10만 원권 자사 상품권을 주길래 아무 생각도 없이 받았다.

며칠 후 언뜻 생각이 나서 후다닥 날짜를 따져보니 3년 약정이 끝난 것이었다. 그러니까 다른 통신사로 갈아탈까 봐 잽싸게 기계를 바꿔주고 재약정을 받아 간 것이다. 통신사에 전화하니 재약정이 된 게 맞는단다. 캬아~ 당했다.

통신사를 신규로 가입하면 몇십만 원이 지급되는 건 공공연한 사실인데 내가 깜빡 생각을 놓친 거다. 그렇다면 사실대로 밝히고 고객의 인지하에 재약정을 체결해야 하는데 꼼수를 부린 거다. 그렇게 재약정한 게 또 만기였다. 이번에는 잘 메모해놨었다. 그런데 때맞춰 휴대전화기까지 망가진 거다. 휴대전화기를 알아보다가 소양로 KT 사옥 4층에 있는 대리점에서 갤럭시 S7이란 가장 저렴한 핸드폰을 받는 조건에 현금 20만 원을 받기로 하고 인터넷 결합 상품에 가입했다. 알아보니 그 핸드폰은 약 12만 원 정도에 거래되고 있었다. 보통 50만 원씩 현금을 받기도 하는데 나는 그에 비하면 약간 덜 받은 감은 있었지만 젊은 청년들이 아들 같아 그냥 저냥 하자는 대로 두말하지 않고 해주었다. 몹시 더운 날 에어컨도 없는 집에서 비지땀을 흘리면서 선을 연결해주는 기사님에게 미안했다.

한 달 후 내가 사용하는 컴퓨터와 딸아이가 사용하는 컴퓨터까지 모두 딸의 방에 설치했더니 너무 불편했다. 거실 한구석에 다시 책상 한 대를 끌어다 놓고 작은방에서 거실로 선을 다시 연결해 달라고 KT에 전화했더니 상담사가 전화번호를 가르쳐달란다. 지금 통화하는 전화번호, 화면에 안 뜨냐고 물었더니 이 번호는 우리 가입전화가 아니란다. 무슨 소리냐고 한 달 전에 SK에서 이쪽으로 넘어온 전화라 했더니 번호를 가르쳐달라길래 불러주니 맞는다고 했다. 대수롭지 않게 생각하고 넘겼다. 기사님이 컴퓨터 한 대를 거실로 옮겨주고 나서 기사님에게 "왜 우리 집 전화가 KT 번호가 아니라고 하지요? 처음에 상담사가 우리 가입 고객이 아니라고 해서 당황했네요." 했더니 "그래요? 알아볼게요."라는 말을 남기고 돌아갔고 나도 잊어버렸다. 통신사가 다르다고 해서 벨 소리가 틀린 것도 아니고….

두 달 후 SK에서 전화요금 고지서가 또 나왔길래 이전하기 전의 것이 나온 줄 알고 눈여겨보지도 않았다. 석 달 후 또 SK 고지서가 나왔길래 이게 어떻게 된 건가? 전화하니 우리 집 전화가 아직도 SK에 남아있단다.

KT에 전화해서 물었더니 죄송하다면서 대리점에서 잘못 처리해서 그렇다면서 고객님이 직접 SK에 이전을 요청하면 KT에서 개통으로 처리해주겠다기에 그럼 한 달 전 댁내 이전이란 것을 할 때 처음엔 우리 집 전화가 KT 것이 아니라고 했다가 나중에 다시 맞는다고 한 건 뭐냐고 따지니까 죄송하단다. 잠시 후 개통한 대리점에서 전화가 와서 하는 말이 그 직원이 그만뒀는데 일 처리를 잘못한 것 같다고 둘러댄다. 그건 난 모르겠고 상식적으로 인터넷, TV, 휴대전화 다 옮겨 오면서 집 전화만 남겨 놓을 리는 없질 않겠냐?

그리고 SK에서 부과돼서 빠져나간 요금은 어떻게 처리할 거냐고 물었더니 전화요금 3개월 치가 입금되고 정말 죄송하다는 말만 되풀이한다.

이런 곳에 전화해본 분들은 아시겠지만, ARS로 엄청나게 많은 단계를 거쳐야 하고 이 사람 저 사람이 전화를 받다 보니 같은 말을 처음부터 죽 읊어대야 해서 무지하게 힘들다. 몇 번의 전화가 오고 가고 전화를 옮겨오기 위해 녹취한다고 또 한 번 길게 통화를 하고 진이 다 빠졌다. 그리고 저녁에 장거리 운전을 하고 있는데 또 전화가 와서 가입자 녹취를 하겠단다. 이상하다고 생각하면서 통화를 하는데 휴대전화기에 뜬 본인인증 번호를 불러달라길래 운전 중이고 돋보기 없인 보이지 않으니까 갓길에 가서 불러주겠다고 말하고 갓길에 세워서 돋보기를 찾아가며 불러주었다.

그다음 날 아침 일찍 성남행 시외버스에 앉아있는데 전화가 왔다. 고객님의 전화 이전 접수가 이중으로 되어있어 확인차 전화했단다. 아무도 없는 공간이었으면 소리라도 지를 뻔했다. 어제 낮에 분명히 전화 건으로 녹취 통화를 아주 길게 했는데, 저녁에 운전 중에 또 가입자 녹취를 한다기에 곡예 운전을 하면서 갓길로 가서 돋보기를 찾아 쓰고 불러주었는데, 그게 이중 등록이란다. 많은 사람이 이용하는 다중의 공간이라 최대한 인내를 발휘해서 우아하게 목소리 낮춰서 "그 이중 등록 내가 한 겁니까?" 물었더니 또 죄송하단다. 그놈의 죄송, 죄송, 죄송 그리고 그다음 날 유선전화 설비를 위해 방문한 기사님에게 내가 막 쏟아냈더니 "화가 많이 나셨겠네요. 저쪽 방에서 거실로 옮겨준 것도 접니다." 아하 그러고 보니 그분이다. 그분 말이 "확인하고 왜 집 전화가 이전이 안 됐냐고, 조치하라고 고객센터에 이야기했었는데 그게 여태 안 됐어요? 참내!" 한다. 그러더니 "아하 그래서 추가 요금 없이 이거 설치해주고 오라 했구나?" 하면서 '기가지니'라는 말로 하는 기계를 인심 쓰는 것마냥 설치해주고 돌아갔다.

6개월 후 가입 당시 대리점 측에서 기가인터넷 50채널 추가 서비스라는 것을 6개월만 봐달라고 부탁하면서 그 금액 9만 원을 내 통장에 입금했는데 그 약정이 1월 28일로 만기였다. 아침에 전화했더니 100번에서 하는 말이 대리점과의 계약이니 대리점 측에서 전화가 갈 거란다. 그래서 약정이 끝나고 고객이 해지를 요구하는데 왜 대리점하고 얘기해야 하냐고 묻자, 죄송하단다. 대리점에서 오후에 전화가 와서 하는 말이 작년에 내가 계약할 땐 6개월 약정이었는데 올해부터 약정이 바뀌어서 9개월이란다. 그래서 지금은 해지가 안 된단다. 그건 난 모르겠고 작년에 그쪽에서 6개월 약정이라 했고 그것도 내가 원한 약정도 아니었다. 내가 올해 바뀐 약정으로 가입한 계약자가 아닌데 당신들 회사에서 바뀐 약정을 왜 고객에게 강요하느냐고 따졌더니 약정을 해지하지 말고 매달 나가는 추가지출을 한 달에 2만 원씩 자기가 통장에 넣어주겠단다. 필요 없다고 하자 "그럼 3만 원씩 9만 원을 넣어 드릴게요." 한다. 그럼 그때 가서 또 회사 내규가 바뀌었다고 할 수도 있지 않으냐? 왜 고객을 당신들 마음대로 끌고 다니냐고 했더니 절대 그럴 리 없단다. "지난번 9월에 집 전화 때문에 나하고 통화할 때 1월 28일에 책임지고 해지할 거라 말했어요. 그 내용도 녹음파일에 있고 지금 이것도 녹음하고 있어요. 더는 얘기하지 말고 계약대로 합시다." 하고 끊어버렸다.

그리고 100번에 전화해서 또 이런 얘기를 앵무새처럼 되뇌며 차라리 해지를 요구했다. KT 상담사가 하는 말이 3년 약정인데 6개월밖에 안 되어서 해지가 안 된다길래 내가 알기론 통신이 현저히 불량하거나 고객에게 불편을 초래한 횟수가 몇 차례라든가 등등의 사유는 위약금 없이 해지가 가능한 걸로 알고 있으니 해지 사유에 해당한다고 말하니 또 대리점하고 얘기하란다. 내가 완전히 탁구공이 된 느낌이었다. 대리점과 본사가 가입자를 중간에 두고 서로 넘겨 치기를 하고 있었다. 1987년에 가입비 24만 원을 주고 남편이 가입해준 시댁 전화가 있었다. 1999년쯤에 예금이자가 하락하자 KT 측에서 전화 아르바이트생들을 고용해서 집집마다 전화해서 보증금을 돌려받으라고 회유했었다. 10만 원을 돌려받으면 2,000원 정도의 기본요금이 올라가는 구조였다. KT가 전 국민을 상대로 돈놀이 이자를 받아먹은 거였다. 우리 시엄니가 "전화국에서 돈 준단다." 하며 좋아하길래 받지 말라고 나중에 가입비 환급받으면 된다고 했더니 안 찾아가면 없어진다고 했다길래 아니라고 알아듣게 설명했건만 어머니가 결국 나 모르게 받아 썼다. 전화국에 전화해서 그 전화 누구 명의였냐 따지니 죄송하단다. 가입자의 어머니라고 해서 드렸단다. 당신들 전화 반납하고 반환금 돌려받을 때 전화로 어머니라고 하면 돌려주냐고 본인 외에는 절대 안 주지 않냐고. 이거 문제 삼을 거라고, 금감원이든 어디든 다 진정할 거라고. 특히나 노인네들 상대로 거짓말까지 늘어놓으면서 어떻게 공공기관이고 국민기업이라 하느냐고 난리를 쳤더니 과장이라면서 집으로 사과 전화가 왔었다. 죄송하다고. 그놈의 죄송. 죄송. 죄송.

다시 대리점이라면서 전화가 왔다. 내 통장에서 처음 약정한 금액만 빠져나가게 처리해주겠단다. 그걸 어떻게 믿냐고 하니 책임지겠단다. 아~ 진이 다 빠졌다. 그냥 받을 만큼만 받으면 되지 입금해주고 돌려받고 무슨 개수작들인지 모르겠다. 그들의 영업 방식을 알 수는 없지만, 요금 명세서만 해도 그렇다. 그냥 투명하게 늙은이들도 이해하기 쉽게, 그게 왜 안 되나? 인터넷 마이 페이지에 들어가서 요금 명세서를 보면 그냥 인터넷 OOO 얼마, 전화 OOO 얼마, 합계 얼마, 이러면 될 텐데 염병, 인터넷 50,000-25,000 장비 임대료 4,000-2,500 기가 와이파이 12,000-2,000 TV 17,000-12,000 이런 식으로 장황하게 늘어놓고 합계 83,000-41,500 합계 41,500 왜 꼭 이렇게 복잡하게 늘어놓는지 이해가 안 된다.

죄송해서 그런 건가???

휴대전화를 바꿀 때마다

 2019년 6월 KT 온의지점에서 갤럭시 S10 5G 모델 SM-G977 M을 샀습니다. 당시 제휴카드를 발급해서 월 30만 원을 사용하면 62,000원의 요금에서 15,000원을 차감해준다며 가입을 권유했습니다.

 늘 한물간 공짜 핸드폰을 애용하던 나였기에 큰맘을 먹고 처음으로 최신 휴대전화기로 바꾸는 것이라 많이 망설였습니다. 매월 3만 원 정도 되던 휴대전화기 사용료가 할부까지 포함해 두 배 이상 지출되어야 하는 부담을 안고 과감하게 최신 핸드폰으로 바꾸려던 이유가 있었습니다. 당시 주민센터에 생활 영어를 배우러 다녔는데 선생님이 하는 수업을 녹음해 다시 들어보니 소리가 거의 안 들렸습니다. 5G를 사용하는 사람들은 집에 가서 다시 들으며 공부한다기에 나도 해봐야지 하는 생각에 부담스러운 지출을 결심한 것이었습니다. 그 기계를 2년을 사용하고 기기 반납을 하면 무조건 70만 원을 보상하는 조건이라는 것도 구매를 결정하는 요인이었습니다. 어떻게 2년을 사용하고 70만 원이 보상되느냐고 물으니 그렇게 해도 그 기계는 안에 들어있는 부품이 그만한 가치가 있는 아주 좋은 기계라며 약정서도 자필로 써주었습니다.

2년이 되고 2021년 6월에 찾아가니 70만 원은 현금이 아니고 현재의 매장 안에 있는 제품으로 교환을 하는 거라고 말을 바꾸었습니다. 구매 당시 자필로 써 주었던 걸 보여주니 거기에 현금이라고 써진 건 없다며 기계로 주는 그거라 합니다. 물론 기기로 금액을 쳐준다는 내용도 없었습니다. 그대로 옮기면 "제휴카드 30만 원 이용 때 -15,000원 할인. 할부금 36만 원 24개월로 수납 24개월 사용 후 기기 변경 때 최대 70만 원 보상. 기기 반납 시" 이렇게 쓰여 있었습니다.

말싸움으로 따지기 싫어서 그것도 수용했습니다. 그렇다면 휴대전화 요금이 부담스러우니 알뜰폰으로 통신사를 바꾸겠다고 하니 아직 단말기 할부가 남아있다 했습니다. 할부금 36만 원을 24개월로 따로 결제했는데도 그렇다기에 인터넷으로 가입해서 보았더니 사실이었습니다. 빨간 색연필로 죽죽 그어가며 설명할 때는 그건 볼 필요도 없는 거라기에 그런 줄 알았더니 속았던 거였습니다.

잠시, 그동안의 요금을 확인하더니 사용량이 많지 않으니 기계를 그냥 쓰고 차라리 요금제를 낮추길 권했습니다. 불필요한 슈퍼 체인지란 것과 안심 로그인, 그리고 슈퍼 안심 프리미엄 등을 빼면 41,760원의 요금제로 낮출 수 있고 카드 사용으로 15,000원을 차감받으면 대략 27,000원의 요금을 낸다며 그렇게 하자 했습니다. 하는 수 없이 그렇게 재약정하고 돌아왔습니다.

사실 2000년 코로나가 터지고 모든 대면 수업이 없어지면서 녹음 기능도 거의 써보지도 못한 채 아까운 통신료만 두 배를 내게 된 상황이었습니다. 그런데 9월 통신료가 나오고 카드 사용액은 그 이상 지출했는데 6,000원만 차감되었길래 대리점을 다시 찾아갔습니다. 그건 카드사에 알아보라길래 그 자리에서 카드사에 전화하니 라이트 할부가 24개월로 종료가 되어서 그렇다 합니다. 처음 36만 원을 24개월로 결제한 그걸 말하는 거라 합니다. 그 자리에서 휴대폰 매장의 점장을 바꾸어주니 현대카드 직원과 통화를 하고 나서 그게 맞는 거라고 합니다. 어이가 없어서 만일 그렇다면 나는 재약정을 하지 않았을 거라며 그때 왜 그렇게 말하지 않았느냐고 물으니 카드사 핑계를 대며 자기가 알 수 없는 일이었다 합니다.

처음 가입 때 기기 보상 70만 원이라 써준 서류도 있습니다. 이리저리 둘러대며 교묘하게 말장난만 하는 휴대전화 판매장의 상술에 화가 났습니다. KT 측에 이런 내용으로 인터넷 민원을 제기하면서 정확하게 처리해주지 않으면 계속 민원을 올릴 것이고 해결이 안 되면 이 내용으로 여러 사람에게 의견을 들어보겠다는 메일을 넣고 기다리고 있었습니다. 며칠 후 KT에서 연락이 왔습니다. 그 기계가 이런 민원이 많다면서 자필로 써준 내용을 파일로 보내달라기에 보내고 며칠을 기다리고 아주 힘든 몇 번의 줄다리기를 했습니다.

그 후, KT 본사 차원에서 해주는 보상이라면서 30만 원을 현금 지원해주고 기계는 어디 매장이든 가서 자기가 보내준 명함을 보여주고 무료로 바꾸라며 제안했습니다. 그 제안을 받아들여서 기계를 바꾸고 요금제를 낮추었지만, 기분은 매우 안 좋았습니다. 여러분은 휴대전화 판매장을 방문할 때마다 어떠신지요? 저는 휴대전화가 왜 날마다 가격이 틀리는지 모르겠습니다. 날마다 어획량이 틀린 생선도 아니고 태풍에 쓸려간 배추도 아닌데 그게 왜 날마다 가격이 틀리고 대리점마다 조금씩 다른지 이해할 수 없습니다. 인터넷으로 보이는 요금 고지서는 또 왜 그렇게 복잡합니까? 가입 시 작성하는 서류는 또 얼마나 복잡한지요? 진정 유감입니다.

북을 두드리다

 안녕하십니까? 저는 강원도 춘천시 온의동에 거주하는 만 61세의 아줌마입니다. 제가 여기에 글을 올리게 된 건 춘천시 동산면 조양리에 사시는 저의 어머니 때문입니다. 어머니는 올해로 만 82세의 고령으로 5년 전 무릎 수술을 했고 현재 보행이 원활치 않은 분입니다. 하여 저희가 가끔 찾아가 살펴드리는데 가장 불편한 건 쓰레기처리 문제였습니다. 생활하면서 쓰레기는 늘 생기기 마련이고 우리는 10년을 넘게 자동차에 싣고 시내까지 가져다 버렸습니다.

 그러던 중 6월 14일 동산면 사무소에 전화하여 쓰레기 수거 문제를 제기하자 면사무소 직원이 '연정사'란 절 입구의 고속도로 다릿발 아래에 비에 젖지 않도록 분리배출을 하면 수거하겠다 하였습니다. 내용을 전해 들은 어머니가 걱정하며 말하길, 얼마 전 누군가 그곳에 쓰레기를 버렸는데 동네 사람들이 어머니를 지목하여 물어왔다 했습니다. 다음날 다시 전화하여 이런 설명을 하고 만약 거기에 그냥 버리면 동네 사람들이 문제 삼을 수 있으니 거기에 크린하우스를 설치하거나 아니면 고속도로 다릿발에 표식이 될

만한 문구를 적어놓으면 좋겠다고 하니 담당 직원이 말하길, 그곳이 CCTV가 없어서 관리가 안 되고 오가는 사람들이 마구 버리면 자칫 쓰레기처리장이 될 수도 있다면서 그냥 거기에 버리면 알아서 수거하겠다 하기에 그렇게 하기로 결론을 내렸습니다. 재활용과 종이류 그리고 일반 쓰레기를 분류하여 75L의 일반 쓰레기봉투에 넣어 8월 15일에 다릿발 아래에 갖다 놓았습니다.

다음 주 일요일인 8월 22일에 어머니 집을 방문하였는데 올라갈 때는 미처 못 보고 내려오는데 길거리에 오물들이 허옇게 널려 있어서 깜짝 놀라 차에서 내려 살펴보았습니다. 처음엔 봉투를 재사용하려고 누군가 가져가느라 쏟아 놓아 그런 줄 알았는데 저쪽에 봉투가 버려져있었습니다. 살펴보니 동물들이 뜯은 흔적이 아니고 매듭을 풀어헤친 것이 사람의 소행이었습니다. 어이가 없어서 사진만 찍고 내려와 월요일인 8월 23일 동산면사무소의 담당 직원에게 전화하니 처음 쓰레기처리 장소를 지정해준 직원이 아니었습니다. 새로 발령받고 교체되었다는 직원에게 자초지종을 이야기하니, 누군가 그 쓰레기를 뒤져서 어머니의 이름과 재산세 영수증이 나온 주소까지 불러주며 쓰레기 불법 투기로 신고했다는 겁니다. 그러면서 어머니에게 과태료가 부과될 거라 말합니다. "그렇다면 신고한 사람이 쓰레기를 풀어헤쳐 뒤져보고 신고한 거네요?" 물으니 아마도 그런 것 같다 합니다. 그분에게 말했습니다.

"내가 생각할 때 우리 어머니에게 감정이 있거나, 아니라면 쓰레기를 버리는 곳이 아닌데 버려놓았다 해서 화가 났거나 둘 중 하나입니다. 첫 번째 이유라면 매우 나쁜 사람이고 두 번째 이유인 동네를 생각하는 마음으로 했다 하여도 많이 잘못됐습니다. 스스로 동네를 더럽히는 짓을 한 겁니다. 우리는 마음대로 갖다 놓은 것이 아니고 면사무소와 사전 합의하고 지정해준 장소에 갖다 놓았으니 우리 잘못은 1%도 없는 겁니다. 만일 이 문제로 우리 어머니에게 과태료가 부과된다면 절대로 묵과하지 않을 겁니다. 쓰레기를 불법 투기하면 과태료 발부 대상이니 법대로 그 사람에게 과태료를 발부해주세요. 대체 그 사람이 누굽니까?" 나의 요청에 면사무소 직원은 개인정보 보호법상 누군지 밝힐 수 없다 합니다.

그린 이돈이라면 쓰레기를 뒤져 우리 어머니의 인적 사항을 알아낸 그 사람도 당연히 처벌받아야 합니다. 개인정보를 함부로 누설하였고 그걸 알아내기 위해 남의 용품을 허가 없이 뒤졌습니다. 꼭 처벌되길 바랍니다. 저는 이 민원이 처리되는 과정을 지켜보겠습니다. 그리고 대한민국 국민은 누구라도 쓰레기봉투를 구매하면 거주지 반경 300m 안에서 버릴 수 있어야 합니다. 늙은 어머니가 쓰레기를 버리지 못해 노심초사한다는 게 이해가 안 됩니다. 국민의 편의를 위해 전기공사도 하고 수도공사도 합니다. 당연히 쓰레기 수거차가 들어가서 수거해야 함에도 업체가 못 들어간다는 말만 수용해서 차가 안 들어간다면 편히 버릴 수 있는 장소를 마땅히 제공해야 합니다. 저의 청원에 조속히 답변 바랍니다.

이렇게 민원을 올렸는데 답변이 오기를, 그 사람이 누군지 몰라서 과태료 처분을 못 한다고 합니다. "이미 어머니의 인적 사항을 가지고 민원을 제기했다면서 어떻게 그 사람의 인적 사항을 모른다고 하냐? 그 사람이 우리 어머니에게 과태료를 물리기 위해 그런 일을 했다면 나도 당연히 그 사람의 처벌을 지켜보겠다." 하고 일주일 후에 다시 문의하니 그 사람은 과태료 발부 대상이 아니고 계도 대상이라는 겁니다. 왜 그런가 물으니, 이미 버린 쓰레기를 버렸기 때문이라는 황당한 말을 하기에 쓰레기 불법 투기의 과태료는 첫째 쓰레기봉투에 안 넣어 버렸을 때, 둘째 분리배출을 하지 않았을 때, 셋째 지정된 장소가 아닌 곳에 버렸을 때, 넷째 거리에 무단으로 버렸을 때로 알고 있는데 맞느냐? 물으니 맞다 합니다.

그럼 그 사람은 무단으로 길거리에 뿌려놓았으니 당연히 쓰레기 불법 투기로 과태료 처분 대상인데 어째서 자꾸 아니라 하느냐고 물으니 관련 법을 찾아보겠다 했습니다. 며칠 후에 다시 전화하니 말을 바꾸어서 이번엔 이미 버린 쓰레기를 다시 버렸기 때문에 훼손으로 들어가서 과태료 부과 대상이 아니라 합니다. 화가 나서 "훼손의 어원을 잘 모르시나 봅니다. 훼손 이런 사용할 수 있는 물건을 못 쓰게 해놓은 것이 훼손인데 이것은 훼손이 아닙니다. 처음 통화한 담당 직원은 그 사람이 누군지 안다고 했다가, 두 번째는 모른다고 했다가, 세 번째는 계도 대상이라 했다가, 이제는 훼손이어서 과태료 대상이 아니라고 하니 점점 더 그 사람이 궁금해지고 화가 납니다. 안다고 했다가, 모른다고 했다가, 모르는 사람을 계도는 어떻게 하겠다는 겁니까? 대체 그 사람 누굽니까? 그 지역의 이장이거나 마을 공동 위원장 이거나 아주 유력자인가 봅니다. 그렇다면 더더욱 따져야겠습니다. 어째서 공무원도 아닌 일반인이 그렇게 과도하게 월권을 행사했을까요? 어떻게 처리할 건지요? 계속 이런 식이라면 처음 다리 아래 갖다버리라 하고 자원순환과에 수거하도록 조처하지 않은 그 공무원부터 모두 다 문제 삼을 겁니다." 했더니 대답도 제대로 못 합니다.

9월 17일 오후에 자원순환과에서 전화가 와서 처음의 요구대로 그 장소에 크린하우스를 설치할 테니 지금까지의 모든 민원을 없었던 것으로 하자 합니다. 서로 합의점을 찾자기에 언제 설치해줄 거냐? 물으니 추석 끝나고 바로 하겠다고 약속하기에 그러자 했습니다.

그리고 9월 27일 자원순환과 직원이 전화가 와서 설치해놓고 쓰지 않고 봉합해둔 게 있어서 그걸 이전 설치를 해주려 했는데 동산면 사무소에서 반대해서 못 하게 되었다 합니다. 다시 동산면사무소에 전화해서 왜 그런가 물으니 이전 설치도 옮기는 비용이 들어가서 올해는 안 되고 내년 상반기에 새 걸로 설치해주겠다 합니다. "우리는 새 걸 원하는 게 아닙니다. 내년 상반기라면 6월까지인데 그때까지 쓰레기를 어찌하라는 것입니까? 애초에 자원순환과와 면사무소가 합의해서 나에게 그렇게 통보해놓고 이제 와 주민을 상대로 이해할 수도 없는 핑계를 대면서 민원인을 점점 더 분노하게 만들고 있습니다. 쓰레기를 버리고 살기가 이렇게 힘들다는 것이 이해할 수 있는 일입니까?" 물으니 동산면사무소 직원인 주무관이 맘대로 하라며 더 큰소리를 칩니다.

"우리는 좋은 걸, 새 걸 원한 것이 아닙니다. 다 같은 국민인데 자기들은 마음 놓고 쓰레기를 버리면서 왜 다른 사람에게는 내년 상반기까지 쓰레기를 버리지 말라 합니까? 쓰레기에 파묻혀 죽기를 바라는 처사입니까? 이런저런 거짓말로 민원인을 우롱하는 이런 사람들 처벌해주십시오." 이렇게 다시 국민청원을 올리고 며칠 후에 자원순환과 직원이 전화가 와서 민원을 다시 올리셨냐면서 다시 해주기로 합의했다고 합니다. 9월 30일 드디어 어머니에게 전화가 왔는데 면사무소에서 쓰레기 집화장을 설치해준다고 동의서를 받으러 왔다 갔다고 합니다. 이게 그렇게나 어려운 일이었을까요? 법을 바꾸어가면서 해야 할 정도의 큰일도 아니고 노인들 5~6가구 정도 사는 시골에 그 정도의 생활편의 시설을 설치 받는 것이 국민 신문고를 두 번씩 두드리며 민원을 제기해야 한다는 것이 복지국가 대한민국의 현실이라는 것이 씁쓸합니다. 모든 것을 획일화된 사고로 정형화된 논리로 안 된다고만 하는 공무원님들 조금만 더 탄력적으로 사고해주시면, 조금만 더 내 입장으로 바꾸어서 순리적으로 처리해주신다면 더 살기 좋은 대한민국이 될 겁니다. 내가 할 수 있는 일보다 국민이 바라는 일을 해주십시오.

ps: 크린하우스 설치할 때 큰길에서 빙 돌아 한적한 곳으로 정하길래 이곳은 너무 한적해서 오히려 사람들이 무단투기하기 딱 좋은 곳입니다. 큰길에서 보이는 곳을 두고 굳이 이곳에 할 필요가 있을까요? 했지만 내 말은 반영되지 않았습니다. 도심이 아니라서 적당한 장소가 많았지만 후미진 곳을 택해서 만들어놓더니 예상대로 현재 무단투기의 온상지가 되었습니다.

이겼는데

 거실에 있는 덜덜이만 보면 자꾸 웃음이 나온다. 몇 달 전 조양리 친정집 거실에서 잠자고 있는 덜덜이를 우리 집으로 이사를 시켜왔다. 늘 그 자리에 미동도 없이 자리를 차지하고 있는 운동기구의 일종인 덜덜이를 안 쓰실 거면 달라고 했더니 가져가라 하길래 우리 집에 가져다 놓고 아침에 일어나서 몸이 찌뿌듯할 때면 벨트를 어깨나 등에 대고 스위치를 눌러 시원하게 털어준다.

 그날도 아침에 온몸을 한바탕 털고 있는데 자고 일어난 남편이 거실로 나오다가 인상을 찌푸리며 나를 쳐다보더니 잔뜩 구겨진 목소리로 "그게 전기세가 얼마나 많이 나오는지 알아?" 한다. 화가 났지만 못 들은 척 뭉개버렸다. 다음날도 똑같은 소리를 하더니 신경질적인 말투로 "가게에 가져다 놓고 쓰던지." 한다. 이유를 물으니 가게에는 영업용이니 전기세가 싸단다. 전기세가 차이가 나면 얼마나 난다고 그러냐는 내 말에 모터가 돌아가는 거라서 전기를 많이 먹을 거라면서 연신 구시렁댄다. 두 번까진 착한 내가 참는다.

며칠 후 엄마가 와 계신 자리에서 또다시 같은 소리를 인상을 쓰며 하고 있었다. 딸을 위해 물건을 양보하신 엄마도 별로 기분이 안 좋은 눈치였다. 그러거나 말거나 덜덜이가 열을 받아서 따듯해질 때까지 했다.

엄마가 가시고 나서 돋보기를 끼고 자세히 살펴보니 "헬스파트"란 이름을 가지고 있는 덜덜이의 전력 소비량은 125W였다. 우리 집 디오스 양문형 냉장고도 그보다 조금 높고 드럼 세탁기는 세탁은 125W인데 건조는 무려 2,100W였다. 휴…. 다행히 건조는 딱 1번밖에 안 했네. 조사하면서 점점 화가 났다. 나는 냉장고 속의 김치만도 못하고 대파만도 못한 존재란 건가? 먹다 남은 주스도 하다못해 땀에 찌든 속 옷들도 125W를 아무런 제재를 안 받고 쓰고 있는데 내가 몸이 찌뿌듯해서 안마 좀 받겠다는데 그때마다 잔소리해대고 있으니 내 가치가 그렇게밖에 안 된다는 건지 좀 따져봐야겠다.

우리 집에 있는 가전들의 전력 소비량을 적은 메모지를 들고 남편이 앉아있는 곳으로 가서 쪽지를 보여주고 위의 이야기 들을 열거하면서 날마다 가게에서 일하고 고단하니까 아침에 일어나서 시원하게 안마받고 나서 하루를 시작하려 하는데 전기세가 그렇게 아까우면 날마다 직접 주물러주던지 그게 아니라면 더는 얘기하지 마! 한 번만 더 얘기하면 그땐 "막 그냥 확 그냥 진짜로 확," 그러곤 발딱 일어서서 주방으로 가서 거칠게 설거지를 했다. 이후로 남편은 다시는 태클을 걸지 않는다.

그런데 참 이상 한 건 하지 말라고 할 땐 그렇게 하고 싶더니 아무 소리가 없으니, 거의 3개월째 손도 안 대고 있다. 이겼는데… 하지 말라고 할 땐 온몸의 세포들이 발악하고 몸에서 아드레날린이 마구마구 생성되면서 결전의 의지를 다지더니 하라고 하니 금세 흥미를 잃었다. 잘 싸우는 부부가 건강한 부부라는 말이 정말로 명언이긴 한 것 같다.

비만입니다

　내가 38세의 팔팔한 아줌마일 때였다. 그때 나는 날마다 밥상을 들고 배달하러 다니던 밥집 아줌마였다. 오전 11시 30분부터 오후 1시 30분까지는 눈썹까지 휘날려야 하는 바쁜 배달맨이었다. 여름이면 뜨거운 시간에 제일 뜨거운 밥과 찌개를 들고 반팔과 반바지 차림으로 정신없이 뛰어다녔다. 가무잡잡한 나의 피부는 8월 하순이 되면 까맣게 타서 반질반질 윤이 났다. 태양 아래 서면 땀과 함께 촉촉이 빛을 발하는 구릿빛 피부는 누가 봐도 건강한 배달의 민족 그 자체였다. 오늘날 "배달의 민족" 그 원조가 바로 나였다.

　그러던 어느 날 전기세를 체납했다는 독촉장이 날아들었다. 한전에 전화해서 나는 완납 했노라고 지금까지 살면서 공과금 따위를 체납한 적이 없는 성실한 시민임을 주지시켰는데 전화를 받은 아가씨가 자기네 서류로는 안 낸 걸로 되어있다면서 영수증이 있냐고 묻는다. 당연히 있다고 하자 그럼 한전으로 영수증을 가지고 방문해서 입증하란다. 나도 날마다 무지하게 바쁜 사람이다. 그러니 당신들이 와서 확인해 가라고 하자 그러면 자기들은 요금 고지서를 다시 발부할 수밖에 없다는 말만 되풀이하고 있었다. 내 참, 자기네가 잘못했으면서 민원인보고 방문해서 입증하라니 어이가 없었다.

  8월도 막바지인 어느 날 밥상 배달을 어느 정도 끝내놓고 주방을 봐주시는 분에게 마무리를 부탁하고 한전을 찾아갔다. 마침 담당자가 자리에 없다며 기다리란다. 슬며시 화가 났다. 나도 바쁜 사람이고 시간이 돈인데…. 하지만 그런 내 기분을 아는지 모르는지 아무도 내게 미안하다거나 얼마를 기다리라는 설명을 하지 않는다.

  오후 세 시의 햇살은 사람들을 적당히 늘어지게 하고 있었다. 이 층 창구는 조용하다 못해 적막이 감돌았다. 심심한 나머지 한 바퀴 휘~ 돌아보는데 몸무게를 재는 기계가 눈에 띄었다. 그냥 체중계가 아니라 손잡이도 달려있고 뭔가 복잡하고 정밀해 보였다. 호기심이 많은 나는 얼른 올라가서 양 손잡이를 잡고 시키는 대로 따라 하는데 화면이 그래프를 그리며 한참 움직이더니 갑자기 "비만입니다. 비만입니다. 비만입니다." 기계음이 출싹맞은 여자의 목소리로 오두방정을 떨고 있었다. 그 순간 함께 간 다섯 살짜리 딸이 벌떡 일어나더니 거의 울 것 같은 표정으로 나를 쳐다보고 발을 동동 굴리며 고개를 돌려 이리저리 살피고 있었다.

  나른하던 사무실에서 갑자기 튀어나온 소리를 따라 직원들 모두의 시선은 일제히 내게로 쏠리고 있었다. 오! 이런 맙소사 얼른 뛰어내려 기계음을 잠재우고 나서 그 측정기를 말없이 째려봤다. 키 158cm 몸무게 53kg을 그렇게 비만이라고 외쳐 대니, 에이 C 저런 기계 같으니 확 그냥, 다시 구석으로 가서 조용히 앉았는데 생각할수록 화가 났다. 벌떡 일어나 창구로 가서 민원인을 오라고 해놓고 언제까지 기다리란 거냐? 따졌다. 당신들만 바쁜 게 아니다. 나도 식당을 비워놓고 왔다. 이게 말이 되느냐? 하니 그제야 영수증을 보자더니 처리해주곤 아주 무성의하게 냈으니 돌아가란다. 하다못해 미안하다던가 죄송하다는 상투적인 사과 한마디도 없었다. 너무도 당연하고 당당한 한전이었다.

  마흔이 넘고 건강검진 대상자가 되고 나서 검진을 하러 가서야 그것이 체지방 측정계라는 것을 알았다. 40대 이후부터 해마다 야금야금 한 해에 1kg씩 나잇살이 쪄서 어느 날 몸무게와 키가 나란히 평행을 달리더니 키가 2cm가 줄었다. 그러곤 또 줄고 줄더니 키는 무려 4cm가 줄었고 몸무게는 해마다 늘어 이젠 정말로 비만이 되었다. 건강검진을 할 때마다 비만이라고 체크된 항목을 보면 그날의 '비만입니다'가 떠올라 웃음이 나온다. 모두 양호한데 체중을 관리하란다. 나이를 먹으면서 아무리 세찬 바람이 불어도 괜찮을 매우 안정적인 몸무게가 되어가는 나를 그냥 받아들여야 할까?

지금도 궁금한 건 1998년도에 한전에 그런 기계를 왜 갖다 놓았을까? 민원인을 위한 배려라면 따로 조성된 공간이어야 하건만, 많은 사람이 오가는 사무실 한쪽에 그렇게 시끄러운 '비만입니다'가 버젓이 자리해있었다는 건 지금도 도저히 이해되지 않는 대목이다. 한전에서 굳이 방문 고객의 체지방 분석까지 해줄 필요가 있었을까? 공공기관을 방문해서 살피다 보면 쓸데없는 기획과 행정으로 국민의 세금이 줄줄 새는 것을 부지기수로 목격한다. 예산의 지출을 기획하고 실행할 때는 반드시 그에 따른 책임과 의무가 병행돼야 하건만 잘못된 예산의 비만은 아무도 책임지지 않는다.

서울시 교육청이 '스마트 교실' 사업의 목적으로 2021년 287억 원의 예산을 들여 서울 시내 중학교 1학년 교실 2,878곳에 전자칠판을 깔았다. 하지만 전자칠판은 도입 당시부터 '예산 낭비'라는 지적이 끊이지 않았다. 기존 빔프로젝터와 컴퓨터를 연결해 디지털 자료를 수업에 활용할 수 있어서 전자칠판의 활용도가 떨어진다는 것이었다. 전자칠판 가격은 대당 1,000만 원에 달했다. 전국 교직원 조합 서울지부가 멀쩡한 칠판과 멀티미디어 기기가 있는데도 국민 혈세를 낭비한다고 비판했다. 학교 예산으로 심야에 치킨을 시켜 먹고 뮤지컬을 관람하고 바리스타 자격증을 취득했다고 뉴스에 보도됐었다. 경남의 모 고교에서는 음파 전동칫솔까지 사들인 것으로 조사됐다.

강원도교육청이 일선 학교에 총 2,700억 원을 내주면서 소진 시기를 내년 2월로 못 박아 각 학교에 비상이 걸렸다. 예산을 소진해야 하는 시기가 5개월밖에 남지 않은 데다 이월도 불가능하기 때문이다. 도 교육청은 추경에서 3,469억 원의 예산을 추가로 확보했다. 이 중 학교에 내려보낸 전출금은 2,738억 원으로 확보 예산 대비 78.9%에 달한다. 학교마다 수천만 원에서 수억 원 규모의 예산이 한꺼번에 내려오면서 예산을 미처 소화하지 못해 애를 먹고 있다고 한다. 교육지원청 공문을 보면 지난달부터 이달 초까지 일선 학교에 보낸 공문에 나온 예산만 39억 8,000만 원이다. 학교 도색과 비품 교체, 지능형 과학실 운영비, 학교 현안 사업, 체육관 시설

개선 등의 명목이다. 비슷한 내용의 사업들이 제목만 달리해 적게는 몇백만 원에서, 많게는 몇천만 원 단위로 내려오고 있어 일부 학교는 멀쩡한 비품까지도 교체를 검토하고 있다. 학교 관계자는 "지난해 과학실 리모델링을 했는데 올해 또 지능형 과학실 구축을 명목으로 5,000만 원이 내려왔다."라며 쓸 수 있는 책, 걸상도 예산 소진을 위해 바꿔야 하나 고민 중이라고 했다.

— 강원도민일보, 2021년 10월 15일 자 발췌

감사원이 강원도교육청을 대상으로 2021년 제2차 추가경정예산 편성사업을 점검한 결과 "예산에 여유가 있다는 사유로 겨울철에 공사가 어려운데도 333억 원의 도색 사업을 추진하는 등 불필요하게 예산이 집행된 사례가 확인됐다"라고 밝혔다. 강원도에서 부모가 도내 거주자일 경우 출생일로부터 48개월간 매월 50만 원을 지급하고 있음에도 2021년 교직원만을 대상으로 지급되는 출산축하금을 첫째는 30만 원에서 100만 원으로 둘째는 200만 원에서 300만 원으로 증액했다. 관리 교원 전원에게 스마트 단말기 600대를 지급했다가 210대는 사용하지 않은 채 보관만 했고, 지급된 152대 가운데 95대는 수업 활용 실적이 없는 것으로 나타났다.

— 강원일보, 2023년 5월 31일 자 발췌

2017년 572만 5,060명이던 전국 초·중·고교생 수는 2022년 527만 5,054명으로 5년간 45만여 명(7.9%) 감소했지만, 이듬해 지방재정교부금은 76조 원으로, 2017년 48조 6,000억 원보다 56% 급증했다. 학생 1인당 교육교부금은 이 기간 850만 원에서 1,442만 원으로 예산이 비만해졌다. 학생 수와 관계없이 현행법에 따라 내국세의 20.79%는 지방교부세로 자동 배정된다. 학생 수는 해마다 10만 명가량 줄고 있지만, 경제 규모는 해마다 커지면서 세원은 큰 폭으로 늘었다. 행정은 이를 뒷받침하지 못하고 일선에선 과다 책정된 교부금을 반납하지 않으려고 어떻게든 모두 쓰려다 보니 이런 문제점을 만들었다. 열심히 벌어도 세금으로 모두 나간다며 자조하는 사람들도 많다. 힘들게 벌어서 성실히 납세하는 사람들을 위해 현실성 있는 제도와 편성으로 고쳐야 한다.

살펴보면 교육부만은 아닌 것이 전국 곳곳의 지자체에서도 예산 낭비는 심각하다. 최근 도내에서 개발한 공공 앱도 강원도가 출시한 배달앱 '일단 시켜'와 춘천시가 개발한 '불러 봄'은 중복된 앱이라서 사용자와 자영업자들의 불편만 초래했다. '불러 봄'은 개발비와 유지비가 4억 5천이 들어갔고 '일단 시켜'는 6억이 소요됐다고 하는데 상인들은 2개를 함께 쓸 수 없어서 어느 걸 써야 할지 몰라 곤란하다고 했다. 춘천 '호수길' 앱도 '스마일 콜택시' 앱도 다운로드 수가 저조해 폐기 대상이라 했다. 동면 사무소 인근에는 3년도 안 된 마을 가로수를 생육 부진이라는 말도 안 되는 핑계로 교체하면서 예산을 1억 2천이나 낭비했다.

    기관에 넘쳐나는 예산은 공무원들의 업무 비만을 초래한다. 그들이 맡은 바 업무에만 치중할 수 있도록 해야 한다. 남아도는 예산을 반납하면 다음 해 예산 배정이 어려울 수 있다는 말도 안 되는 구시대적인 논리로 배정받은 예산을 어디에든 써야 한다며 업무수첩을 뒤적이는 것은 심각한 업무 비만이다. 눈부신 과학기술의 발달로 하루가 다르게 변해가는 세상에서 가장 더디게 변해가는 조직이 정부 기관은 아닌지 묻고 싶다. 경제순위 세계 10위의 나라답게 예산의 비만을 모두 걷어내고 모든 기관은 업무 비만에서 벗어나 자신들 고유의 업무에만 치중해준다면 좋겠다.

등대지기는 새를 너무 사랑한다

새들이 떼지어 불을 보고 날아드네
떼지어 새들이 떨어지고 떼지어 새들이 부딪치네
떼지어 눈이 멀어 떼지어 얻어맞고
떼지어 죽어버리네

등대지기 더이상 보다 못해서
새들을 너무나도 사랑해서
할 수 없지 내 알게 뭐람

그래서 불을 모두 꺼 버렸다네

멀리서 화물선이 암초에 걸렸네
섬나라서 찾아오던 화물선 한 척
새들을 가득 실은 화물선 한 척
떼지어 실려 오던 섬나라 새들

떼지어 빠져 죽은 섬나라 새들

— 자끄 프레베르, 「등대지기는 새를 너무 사랑한다」 전문

오직 자신만이 민중을 구원할 수 있다고 여겼던 우리나라의 초대 대통령은 3선 개헌을 하면서 '사사오입'이라는 희한한 공식까지 내세우며 불법 선거를 자행했지만 거대한 민중 봉기에 굴복했었다. 유신 헌법이라는 악법을 만들어서 장기 집권의 기틀을 만들어놓고 독재정치를 펼쳤던 서슬 퍼런 박정희 대통령도 믿었던 참모의 손에 유명을 달리하셨다. 그분들이 갑작스레 자리를 비웠어도 세상은 또 다른 누군가의 지휘 아래 새로운 질서가 생기고 자연스럽게 굴러갔다. 어떤 사람이 하던 일은 또 다른 누군가로 모두 대체할 수 있다.

기독교인들은 "주여! 당신을 믿습니다." 주기도문을 외우고 어떤 이들은 울부짖으며 아버지를 절규하듯 부른다. 불자들은 양손을 모아 합장하며 절을 하고 그들만의 의식을 행한다. 간절한 마음으로 그들의 신에게 예를 다한다.

하느님은 세상이 만들어질 때 태초부터 존재해있었다고 한다.

부처님은 인도의 태자인데 인간의 생로병사를 극복하고자 29세에 모든 것을 버리고 출가했다 한다. 두 분의 신들은 모두 사람들의 구원을 위해 자신을 버렸다고 전해진다. 인류의 역사만큼 오래된 인물들이지만 아직도 사람들을 울게 만들고 믿게 만들 수 있는 이 두 사람이야말로 대체 불가한 사람들이다. 그래서 신인 것이다.

몇 년 전 박근혜 대통령이 국정농단으로 구속될 때 사람들이 더러는 차가운 바닥을 뒹굴면서 울부짖다 쓰러져 구급차에 실려 가고 사망한 사람도 있었다. 광화문과 서초동으로 이념에 따라 나누어진 사람들은 서로를 비난했다. 촛불집회를 거치고 문재인 정부가 탄생했을 때 나는 소망했다. 다시는 반으로 나뉘어 같은 편끼리 싸우지 않기를, 반으로 나뉜 나라에서 다시 반으로 또 나누어지지는 말자고 간절히 빌었다. 반칙과 특권이 없고 과정은 공정하고 결과는 정의로울 것이라는 취임사에 눈물까지 핑 돌았었다. 서초동의 촛불과 광화문의 태극기가 함께 손잡고 대한민국의 역사를 빛나게 해줄 것이라 믿어 의심치 않았었다.

그 아름다운 느낌은 얼마 안 가 조국이라는 블랙홀에 빨려 들어가면서 마치 혹세무민하는 종교집단의 막무가내 믿음을 보는 것 같았다. 다시 반으로 갈라진 사람들은 고래고래 소리 질러가며 대중들을 선동하고 편싸움을 부추겼다. 누군가의 허물을 애써 덮으면서 무조건 믿는 사람들의 막무가내 믿음은 어떻게 만들어지는 것일까? 사람들의 채워지지 않는 공허한 마음이 누군가에게 의지하고 싶은 심리로 나타나서 눈에 보이고 귀로 들을 수 있는 살아있는 신을 만들어내는 것은 아닐까? 그렇다면 지금 우리나라에는 신이 너무 많다. 신은 보이지도 않고 만질 수도 없고 오직 느낄 뿐이어야 진정 신비로운 존재인데 이렇게 신격화되어있는 많은 존재들을 보면서 대체 불가한 절대자께선 뭐라고 정의할까? 그것이 궁금했다.

문재인 정부가 탄생했을 때 부디 나 같은 시골 아낙에게 서초동으로 갈 것인지 광화문으로 갈 것인지를 묻는 나쁜 대통령은 되지 마시라 마음속으로 빌었건만 오히려 그때부터 갈등은 더 심해지기 시작했다. 민주당은 온갖 법안을 만들고 힘으로 밀어붙이면서 드디어 옥상에 텐트를 치는 고위공직자 범죄수사처인 이른바 "공수처"를 법안으로 발의하였다. 이 법안을 패스트트랙에 올렸을 때 나경원 의원은 국회에 빠루까지 등장시켰다.

2022년 대선에서 정치 신인으로 등장한 윤석열 대통령은 죄인들을 추궁하면서 우위를 점령하던 검찰 신분에서 명실공히 대한민국 일인자로 급부상했다. 하지만 4.15 총선에서 민주당에 참패하면서 거대 야당의 빈번한 태클에 스트레스 지수가 올라가더니 갈수록 혈압과 맥박이 불규칙해졌다. 결국 2년 반 만에 12.3 계엄으로 돌아올 수 없는 강을 건넜다. 탄핵이 발의되고 경찰과 검찰과 공수처, 국수본까지 경쟁하듯 수사에 뛰어들어 자신의 기관에서 한다고 서로 우기더니 공수처로 이관되고 담을 넘어 신병을 구인해 가더니 다시 풀어주었다. 그 사이 반으로 갈라져 "우리 편 이겨라." 함성이 요란하다. 양당이 그토록 치열하게 싸워가며 만든 공수처는 대한민국 최고의 석학들이 모였을 것인데 내란죄에 대해 수사권도 없으면서 왜 수사를 강행했는지 의문이다. 검찰은 구속기간을 날로 계산하며 3시간씩 검사장 회의를 하며 시간을 끌고 재판부는 시간으로 계산해서 구속취소를 결정했다. 의도적으로 계산된 착오를 했다는 의심 속에 즉시 항고 없이 우물쭈물하다가 석방 지휘가 내려졌다. 누군가의 편에서 역할을 하면서 혹시 그 편 정치에 입문하려고 큰 그림을 그리는 건 아닐까? 의심이 드는 대목이다.

이후부터 양측의 날 선 공방은 더 치열해지고 사람들은 불을 보고 달려드는 불나방처럼 변해버렸다. 이것이 진정 백성을 사랑하는 참된 지도자의 처세인가? 새를 사랑하는 등대지기는 불을 끄지 않는다. 환하게 불을 밝혀 따듯한 곳으로 인도해야 할 지도자가 불을 꺼버리고 침묵 뒤에 숨었다. 서로를 죽이겠다는 협박이 난무하고 거리마다 떼 지어 몰려다니는 사람들의 눈에 불이 붙어 있다. 12.3 계엄의 밤, 군대의 야만스러운 국회 난입에 이어 1월 19일 서부지법에 난입하여 모든 걸 박살 내는 영상을 보면서 민주주의는 어디 가고 야만의 시대로 다시 회귀한 느낌이 들었다. 그토록 자유 민주를 외치던 대통령이 이처럼 야만적인 사회를 주도적으로 만든 장본인이라는 사실이 안타깝다.

길거리에 나부끼는 현수막의 글귀들은 양측에서 헌재를 압박하는 문구로 가득 차있다. 유명 강사 전모 씨가 써 붙인 현수막에 "헌재는 가루가 될 것이다."라는 섬뜩한 문구를 보면서 두 동강 난 사이에서 양측의 압박에 시달릴 헌법재판관들의 고뇌에 연민을 느꼈다. 그러나 너무도 길어지는 헌재의 결론이 매우 아쉽다. 좀 더 일찍 어떤 식으로든 결론을 냈더라면, 이런 낭비는 줄어들지 않았을까?

2016년 그때에도 9년이 지난 지금도 추운 겨울에 백성들을 거리로 내모는 나쁜 정치에 이제는 혐오를 느낀다. 몇 달째 국민이 반으로 쪼개져서 광화문으로 헌법재판소로 내달리고 알 수도 없는 어려운 법률용어가 온종일 TV에서 흘러나온다. 예전엔 나이 드신 분들이 참! 할 일도 없구나? 생각했었는데 이젠 젊은 세대들까지 합류해서 몰려다니는 것을 보니 더욱 절망스럽다. 열심히 일하면서 자기 성장을 해야 할 생산적인 나이의 젊은 세대들이 귀중한 시간을 버려가며 자포자기하고 있다는 생각을 떨칠 수가 없다. 그들이 낭비한 아까운 시간을 무엇으로 보상할 것이며 몇 달씩 진창으로 처박힌 경제는 누가 건져 올려줄 것인지 묻고 싶다. 국민을 위한다는 정치가 국민을 가장 힘들게 하고 가장 괴롭히는 집단이 되어버린 지금, 오직 자기편만이 백성을 위한다는 거짓말을 늘어놓는 위정자들에게 묻는다.

"정녕 그대들은 민중을 사랑합니까?" 몇 달 후 만일 대선이 다시 치러진다면 우리는 저 위정자들에게 또다시 똑같은 사랑 고백을 들을 것이다.

"국민 여러분 사랑합니다"

백색소음

 온종일 일이 손에 잡히지 않는 멍한 상태로 하루가 지나갔다. 뭐가 문제였을까? 맹세컨대 나는 아무런 악의가 없었다. 통화 중 이런저런 이야기 끝에 걱정되어서 "왜 살이 안 빠지지? 이젠 부기가 빠져야 하는데…." 말하는 순간, "엄마! 벌써 몇 번째야? 대체 나한테 왜 그래? 볼 때마다 살쪘다고 말하고 내가 듣기 싫다고 하지 말라는데…." 딸의 날 선 반응에 "뭘, 엄마가 언제 자꾸 얘기했다는 거야?" 물으니 "엄마는 기억도 안 나지? 내가 한창 배불러서 갔을 때도 그랬고 내가 집에 갈 때마다 엄마는 그랬어. 그래서 내가 집에 가기 싫은 거야!" 한다. 내가 한 번 했던 소리를 또 했나? 기억을 굴리다가 "너 배부를 때 둥글둥글해지는 걸 보고 이뻐라! 한 소리를 그렇게 해석했니? 지금은 그게 아니고 출산 후 백일이 지났으니 부기가 좀 빠져야 하는데 하는 걱정에서 말한 걸 그렇게 들었어?" 묻자 "아니야 엄마는 나만 보면 살쪘다고 했어. 아이고 떡판이 됐네! 라고 한 적도 있고 내가 하지 말라고 정색한 적도 있었는데 엄마는 기억도 못 하는 거야?"라며 다그쳤다. 정말로 기억조차 나지 않았다.

  최근엔 누가 무슨 말을 하면 우기지를 못한다. 게다가 나보다 젊은 머리가 그렇다고 하니 그 말이 맞을 것이다. 해서 "미안하다. 엄마는 그렇게 여러 번 했다고 생각하지 않았는데 네가 그렇다면 그렇겠지 아무튼 미안하다." 통화를 마치고 곰곰이 생각해도 정말로 그렇게 많이 했는지 기억이 안 난다. 배가 불러서 두리뭉실할 때 그게 이뻐서 "아이고 떡판이 됐네."라는 말을 한 건 기억이 나지만 그건 이쁘다는 말의 다른 표현이었다. 딸은 출산하고 산후조리원을 거쳐 20일을 친정에 와있었다. 출산휴가 기간이 1년 6개월이라 충분히 모유를 먹일 수 있으니 모유를 먹이라고 내 의견을 말하고 싶었지만, 엄마의 개입을 달가워하지 않는 성격이라 말하지 못했다.

  백일 무렵 미역국을 끓여다 주려고 한다는 내 말에 건강검진에서 요오드 수치가 높게 나와 당분간 미역국은 못 먹는다고 했었다. 요오드 수치가 출산 후의 몸무게와도 상관이 있을 것 같고 갑상샘에도 영향이 있을 것 같아서 마음이 불편했었다. 이런 나의 우려가 대화 중 그렇게 튀어나온 것이었다. 잠시 후 이런 설명을 하기 위해 다시 전화했지만, 딸은 받지 않았다. 혹시 산후 우울증이라도 있는 건가? 잔뜩 예민해진 아이를 내가 건드렸나? 별별 생각이 다 들었다.

다음날 사위에게 전화해서 "어제 이런 일이 있었다네. 지금 내 전화를 안 받으니 저녁에 퇴근해서 내가 전화했더란 소리는 하지 말고 자네가 대화해보면 좋겠네."라며 사위에게 부탁했다.

다음날 사위에게 걱정하지 마시라는 전화가 오고 일주일이 지났다. 사람은 살면서 많은 사람과 대화를 주고받지만 듣기 싫은 말은 한낱 소음에 지나지 않을 것이다. 세상의 온갖 소리가 달팽이관을 통해 온종일 귀로 들어오고 그 소리는 나를 즐겁고 행복하게 할 때도 있지만 더러는 불편하고 분노하게 만들기도 한다. 빗소리, 파도 소리, 바람에 스치는 나뭇가지 소리, 신생아가 내는 옹알이 소리 등은 언제 들어도 기분이 좋은 소리다. 그렇지만 듣기 싫은 잔소리를 듣거나 짜증 나는 말들은 마음을 흔들고 가슴에 비를 뿌리면서 화가 나게 만든다. 던지는 쪽은 평온한데 받은 쪽은 폭풍을 만난다. 때로는 마음을 뿌리째 흔드는 폭풍에 휩쓸려 자신마저 위태롭게 휩쓸려 가기도 한다. 내 마음을 폭풍으로 휩쓸어버리기 전에 한 번만 더 차분히 생각해보면 어떨까? 쓸데없다 생각되는 잔소리나 혹은 누군가의 참견을 화로 받기 전에 한 번쯤 곰곰이 생각해보면 좋겠다.

저 사람이 나에게 해를 입힐 사람인지? 아니면 나와 어떤 경쟁 상대여서 나를 견제하려는 의도가 저변에 깔려있는지. 말은 그 해석에 따라 마음이 요술을 부린다. 말하는 사람의 의도와 다르게 듣는 이의 마음이 해석을 달리하면 많은 오해를 부른다.

출산 후 신체리듬과 몸무게가 제자리로 복귀되지 않아 스트레스를 가장 많이 받는 사람은 본인일 것인데 그걸 콕 집어 지적당했다고 느꼈을 것이다. 나는 나름대로 여러 가지를 복합적으로 걱정하느라 딸의 마음을 읽지 못했다. 서로가 가장 편하고 만만한 상대여서 아무렇지 않게 던진 말의 파장으로 마음이 불편한 일주일을 지내면서 생각이 많아졌다.

오래전 아주 무덥던 여름이었다. 에어컨도 없는 집에서 탈출해 남편과 함께 계곡으로 피서를 갔다. 물가에 자리 잡고 앉아 고기를 구워 맥주를 마시며 듣는 물소리가 아주 좋았다. 텐트 안에 에어매트를 깔고 물가에 누웠는데 잠이 저절로 솔솔 오는 것이, 마치 여기가 천국인 것 같았다. 두어 시간 잤을까? 세찬 물소리가 귓속을 파고들어 더는 잠을 이룰 수가 없었다. 물가에다 텐트를 치면 물소리가 시끄러울 것이라는 남편의 말에 듣기 좋다며 우겨서 만든 잠자리였다. 깜깜한 계곡에서 한밤중에 잠자리를 옮길 수도 없고 잠을 잘 수도 없어서 생으로 하얀 밤을 보내고 희멀건 얼굴로 아침을 맞았다. 아무리 좋은 소리라도 지속해서 듣기는 어렵다는 것을 그때 깨달았다. 계속 듣지는 못하겠지만 시간이 지나면 얼마든지 다시 들을 수 있는 기분 좋은 자연의 소음이었다.

반면 사람의 입에서 나오는 말은 아무리 좋은 말이라도 두 번은 듣기 싫다. 그런 이치를 알면서도 마음에 걸리는 일이 생기면 자꾸 입이 근질거린다. 이미 했었다는 걸 아예 잊어버리고 같은 말을 또 하기도 한다. 헝클어진 딸과의 대화를 떠올리고 마음을 빗질하면서 이제부터는 입으로 백색소음을 만드는 경지에 이르러야지. 미안해. 고마워. 사랑해. 행복해. 좋아. 이쁘다. 온갖 좋은 말들을 모두 입속에 굴려보았다. 그러면서 한편 또 다른 생각이 마음을 슬며시 비집고 들어온다. 엄마가 기억도 못 할 걸 알지만 그래도 화가 난다던 딸에게 다음에 만나면 손녀를 안고 "까꿍! 이쁜 슬아. 얼른 커서 이담에 더도 말고 덜도 말고 네 엄마처럼만 해라!"라고 말해볼 테다. 뇌세포 깜빡대는 반짝이 할머니는 소심한 복수를 꿈꾸고 있다.

내 몸속 플라스틱

얼마 전, 뉴스를 오며 가며 소리로 듣고 있던 저녁이었다. 성인 36명을 대상으로 몸속 미세 플라스틱 검사를 했더니 무려 89% 그러니까 성인 10명 중 9명은 몸속에 미세 플라스틱을 보유하고 있다는 내용이 보도되고 있었다.

눈을 크게 뜨고 TV 앞으로 당겨 앉았지만 이미 다른 뉴스가 흘러나오고 있었다. 인터넷을 뒤지니 인하대 이동욱 교수와 한국 분석 과학연구소에서 성인을 대상으로 채혈해서 검사한 결과 사람의 몸속에 미세 플라스틱이 존재한다는 것을 밝혀냈다고 한다. 실상 사람 몸속에 미세 플라스틱이 있다는 말을 들은 게 처음은 아니었다.

그럴 수도 있겠다는 막연한 생각이 있었지만, 막상 검색하고 보니 줄줄이 나열되어있는 내용들은 충격적이었다. 플라스틱 용기에 밥을 담아 냉동 보관했다가 전자레인지로 녹여 먹고 세척해서 다시 먹고 하는 반복되는 과정에서 다량의 미세 플라스틱을 계속 섭취하게 된다고 나와 있었다. 마트나 온라인에서 햇반 용기로 얼마나 많은 플라스틱이 팔리고 있는지 모르는 사람은 없다. 게다가 냉장고에 들어있는 플라스틱 반찬 용기는 집마다 최소한 10여 개 이상씩은 가지고 있다. 김치냉장고용 김치통도 모두가 플라스틱이다. 이런 환경에서는 미세 플라스틱을 나도 모르게 먹게 될 수밖에 없는데 계속 섭취할 때 심근경색이나 뇌졸중을 유발할 수도 있다고 한다. 몸속 미세 플라스틱은 혈액이 응고되는 데에도 영향을 미칠 수가 있다고 나와있었다. 혈액이 응고되지 않는다는 건 매우 심각한 질병이다. 상처나 사고를 입어도 출혈이 멈추지 않아서 수술할 수가 없고 혹시 모르고 수술했을 경우 출혈이 멈추지 않아 사망으로 이어질 수도 있다. 이 대목에서 나는 오염과 편리 사이에서 선택의 갈림길에 섰다.

주방에서 조리하다가 애매하게 남는 음식 재료가 있으면 비닐 팩에 담아 냉장고에 보관한다. 맛있는 반찬을 누군가에게 담아 줄 때 플라스틱 용기나 비닐 팩에 담아 주면 굳이 용기를 회수할 필요가 없어 간편하다. 남은 밥을 비닐 팩에 담아두었다가 전자레인지에 돌리면 채반에 찌지 않아도 갓 지은 밥처럼 따끈하다. 닭개장이나 육개장을 한 솥 끓였다가 식혀서 조금씩 나누어서 비닐 팩에 담아두면 냉동실에서 한 봉지씩 꺼내 먹을 때 아주 편리하다. 이렇게 플라스틱은 주부들에겐 없어서 안 되는 필수품이 되었다. 오염된 비닐 팩을 버릴 때마다 환경을 걱정하며 미안한 마음이 들기는 했지만 내 몸속에 쌓이는 걱정까지 하지는 않았었다. 지구 반대편 태평양과 대서양 어디쯤에서 바다에 떠도는 플라스틱 쓰레기를 보면서 아주 잠깐 해양오염을 걱정했었고 환경 다큐멘터리 프로를 보면서 쓰레기 문제가 심각하다고 생각한 정도였다. 폐사한 고래 배 속에서 플라스틱이 나오면 안타깝다! 생각하며 혀를 찼는데 이제는 내 몸속까지 습격당했다고 한다.

지금까지 편리함에 길들어 이런 역공은 생각조차 못 했었다. 이제까지의 생활 습관을 어떻게 바꿔야 할까? 걱정이 앞섰다. 썩어서 분해되는 시간이 300년에서 500년이라니 나보다 무지하게 오래 사는 플라스틱을 나는 많이 가지고 있다. 우리 집의 플라스틱 제품 중 생존에 필요한 도구, 예를 들면 칫솔이나 선풍기 등을 제외하고 모두 골라낸다면 엄청난 양일 것이다. 양도 양이지만 만약 플라스틱이 없다면 그 불편을 감당하지 못해 나는 다시 사들일지도 모른다. 나를 편리한 삶으로 이끌었던 신인류의 발명품이 이제는 나를 발병하게 만들 수도 있는 괴물이 되어 내 앞에 놓여있었다. 편리와 오염 사이에서 선택해야 하는 이 현실이 오늘 나를 무겁게 짓누른다. 보이지 않는 적이 가장 무섭다는 건 코로나를 겪으면서 무섭게 체험했다. 미세먼지 미세 플라스틱 "미세"라는 단어가 나에게는 공포로 다가왔다. 태백에서 나고 자란 나였기에 미세 탄가루로 인해 오랜 세월 광부로 근무했던 친구의 아버지들이 진폐로 고생하는 것을 직접 목격했다. 분진 마스크를 나눠주면서 사용할 것을 권했지만 눈에 보이지 않으니 사용을 꺼리는 사람들도 많았고 그 마스크의 성능도 형편없이 질이 낮았다. 자녀들의 학자금을 지급하는 당시로서는 파격적인 복지에 많은 아버지가 탄광으로 몰려들었다. 평생을 근무해서 아들딸들을 대학까지 졸업시키고 고향에서 농사나 지으며 편히 살겠다고 한시름 놓으면 폐에 몇십 년 동안 차곡히 쌓였던 미세 탄가루가 아버지들의 숨통을 조였다. 그것이 바로 "진폐"였다.

지난해 말 세계 177개국의 대표들이 모여 법적 구속력이 있는 국제 협약을 만들어 플라스틱의 오염을 종식시키겠다고 했지만 올해로 미뤄졌다고 한다. 나는 스스로 환경보호를 잘 실천하며 산다고 자부하던 사람이었다. 분리수거는 물론 일회용품이나 물티슈 등의 사용을 극도로 자제하면서 남들이 다 쓴다는 일회용 행주조차 한 번도 써본 적이 없었다. 코로나가 터지고 배달이 증가할 때 일회용품들로 채워진 엄청난 양의 쓰레기를 보면서 배달 음식을 거의 안 먹는 우리가 애국자라는 농담도 했었다. 나 같은 아줌마들에게 싸고 가벼운 주방용품으로 이처럼 편리하게 사랑받던 플라스틱이여, 이제 아줌마들의 손을 떠나라. 국제 플라스틱 협약과 관계없이 이제는 내가 책임진 가족들에게 더는 미세 플라스틱을 섭취하게 할 수가 없다. 건강한 사회의 출발이 가정에서 시작되고 그 시작을 관리하는 아줌마의 결단으로 나의 주방에서 플라스틱 너의 퇴출을 명한다.

3부

아버지들에게

황산의 아버지들

고요한 아침의 나라! 동방예의지국에서 태어난 나는 때를 잘 맞춰서 태어난 덕분에 방 안에 앉아서도 TV와 인터넷이 전해주는 각종 지구상의 뉴스들을 날마다 접한다. 하여 직접 가보지 않고서도 대충은 어떠하리라 상상하고 짐작한다.

2008년 6월 27일 아침, 비행기에 오르면서 아침부터 억수같이 퍼붓는 비에 스타일은 약간 구겼지만 우아하고 예의 바른 한국인답게 탑승했다. 착석하고 이륙하는데 비가 그친 후 맑게 갠 하늘에 구름이 너무 아름다워 탄성이 절로 나온다. 태어나서 46년 만에 비행기를 처음 타보는지라 혹시 고소 공포증이나 멀미를 걱정했는데, 솜사탕인 듯 빙하인 듯 구름경치가 너무 아름다워서 멀미조차 느끼지 못했다.

2시간 20분 만에 절강성 내에 있는 항저우 공항에 도착해 황산으로 이동해서 호텔에 여장을 풀어놓고 여행 첫 코스인 청대 옛 거리를 관광했다. 청대 옛 거리는 1,000년 전 송나라 때 처음 형성되었는데 여러 차례 보수를 거쳐 지금의 건축물로 남아있다고 했다. 1층은 상가이고 2층은 주거 공간인데 우리나라의 인사동 거리라고 생각하면 될 듯하다. 더러 어느 곳은 금방이라도 무너져 내릴 듯 낡고 허름했다. 현지인들이 수작업으로 만든 오밀조밀한 공예품을 구경하며 시장 거리를 누비는 아줌마들의 수다로 골목은 금세 왁자해졌다.

관광을 마치고 서울관 식당에서 저녁을 먹는데 아~후 중국 술 너무 독하다. 이처럼 덥고 습한 기온에 50도가 넘는 독주라니, 중국 사람들 대단하다. 더 먹다간 낼 아침 황산이 말짱 황 될 것 같아 일단 튀고 보자, 앞에 있던 사람에게 눈짓하고 슬며시 빠져나왔다.

둘째 날 아침 안후이성 남쪽에 있는 황산을 오르기 위해 자광각에서 케이블카를 타고 옥병루로 출발했다. 황산에 올라보지 않고 산을 논하지 말라고 했다는데, 무진장 기대된다. "황산에 돌이 없으면 소나무가 아니고 소나무가 없으면 기이하지 않다."라는 말이 있듯 황산은 바위와 소나무의 산이었다. 1990년 세계 유네스코 문화유산으로 등록돼있다는 황산은 오절이란 말로 유명하다. 황산 오절이란 '바위와 소나무, 운해, 동설, 온천'이란다. 계절 탓에 동설은 없고 온천은 시간 관계상 생략했다.

우리나라에선 소나무들이 재선충으로 병든 것이 많은 데 비해 이곳의 소나무들은 병들지 않고 푸르고 깨끗한 것이 기암괴석들과 함께 한껏 자태를 뽐내고 있어 부러웠다. 1년이면 200일이나 250일은 구름과 안개에 싸여있고 비가 온다는데 우리가 간 날은 구름 한 점 없이 맑고 깨끗했다. 시야는 맑았지만 운해를 못 봤다. 그 많은 소나무 중 10그루는 각각의 독립된 이름이 있는데, 황산의 10대 명송으로 불리고 그중 5그루는 유네스코에 자연 유산으로 등재되어있다고 한다.

10대 명송 중 '영객송'(옥병봉 동쪽 1,680m의 고지에 있는 황산의 대표 소나무로 수령이 800년이다.), '송객송'(손님을 배웅하듯 몸을 읍하고 있어 붙인 이름이다.), '접인송'(시신봉 동남쪽에 자리 잡고 있고 중생을 극락정토로 인도한다는 뜻이다.), '연리송'(부부의 연과 사랑의 맹세를 닮았다.), '용조송'(5개의 뿌리들이 바깥으로 돌출된 것이 용의 발톱을 닮았다 해서 붙여진 이름이다.), 이 다섯 그루가 세계 유네스코 자연 유산이다. 나머지는 탐해송, 수금송, 흑호송, 포단송. 단결송이라는 이름을 지녔다.

이 열 그루의 소나무들이 황산을 대표하는 소나무들이라고 하는데 특이하게 잘생긴 이름을 지닌 이 소나무들도 멋있겠지만 내 개인적인 견해로는 그 넓은 바위틈에 힘들게 자리해 온갖 악천후

와 맞서 몇백 년을 버티고 있는 이름 없는 소나무가 더 멋지다. 연화봉과 백보운재를 거쳐 천해에 있는 백운호텔에서 점심을 먹는데 어제 늦게까지 독주를 마신 사람들은 오전 내내 매우 흐림이었다.

우리네 설악산은 헬기로 돌을 날라 계단을 만들었는데 황산은 박혀있는 돌을 사람이 정으로 쪼아서 일일이 수작업으로 만들어졌다고 한다. 돌계단이 끝도 없이 이어진다. 의자도, 쓰레기통까지도 모두가 돌이었다. 3부 능선쯤 오르니 의자가 매달린 지게처럼 생긴 것을 등에 진 채, 오가는 사람을 살피는 사람이 있었다. 현지 가이드에게 물으니 돈을 받고 사람을 앉혀서 등에 지고 정상까지 올려다 주는 사람들이라 했다. "이렇게나 경사가 심한 산을?"이라는 내 말에 청년은 그저 웃었다.

서해대협곡의 시작점인 보선교는 두 개의 절벽에 동굴이 뚫려 있고 그 사이를 돌다리로 연결해놓았다. 내려다보면 아찔한 협곡이다. 덩샤오핑이 76세이던 1979년에 몸소 배운정에 올라 서해대협곡을 굽어보고 감탄하며 이런 경치를 남녀노소 누구나 볼 수 있게 하자 해서 개발이 시작되었다는데 이 개발은 지금도 계속되고 있었다.

보선교에서 배운정까지 깎아지른 듯한 바위 절경은 온몸에 짜

릿한 전율을 느끼면서도 말로 표현할 수 없는 쾌감이 온몸을 관통한다. 이 구간부터는 바위 옆으로 구멍을 뚫어 철심을 박아 만들었다는 협곡의 길이다. 가히 인간 승리의 길이었다. 그냥 올라가기도 힘이 드는 길인데 오늘 숙박할 서해호텔은 건축자재를 사람들이 어깨로 져다 날라 산꼭대기에 호텔을 지었다니 믿어지지 않았다.

그때 깡마르고 허약해 보이는 아저씨가 나무로 만든 작대기를 어깨에 메고 앞뒤에 건축자재를 매달고 올라가고 있었다. 도착해서 내려놓고 저울에 달아 120근이라며 장부에 기록했다. 각자 처한 입장이나 생활의 차이를 늘 실감하며 살고 있지만, 마음이 착잡했다. 130억 인구 중국의 고도성장을 묵묵히 떠받치는 하층민의 생활실태를 직접 보니 가슴이 너무 아프다. 가족의 생계를 책임지는 아버지의 삶은 전 세계 어느 나라 어느 아버지도 다를 바가 없다. 무려 120근의 짐을 지고 8시간을 올라가서 짊어진 것들을 모두 내려놓고 하산하는 동안 아버지들에게 위로가 되고 힘이 되는 것은 오로지 그 가족일 것이다. 조선족인 현지 가이드에게 우리나라 같으면 헬기로 나를 것이라 말하니 듣고 있던 가이드가 웃으면서 하는 말, "그러면 안 됩니다. 일자리를 줘야 먹고 살지요." 한다. 생각의 차이가 극명하게 갈리는 지점에서 나는 잠시 멍해졌다. 가

난한 사람들에게는 3D가 없다.

　8시간의 등반 내내 수없이 펼쳐지는 웅장한 경치를 표현하기에는 짧은 글재주로는 한계가 있으리라. 원숭이가 바다를 보는 듯한 형상의 '후자관해', 날아와 박힌 듯한 '비래석' 등의 절경들을 눈으로 카메라로 쉴 새 없이 새기며 배운정에 도착하자 연인들이 사랑의 맹세로써 남겨놓은 자물쇠가 헤아릴 수 없이 많이 걸려있다. 배운루를 지나 2박을 하기로 한 서해호텔에 도착해 여장을 풀었다. 샤워하고 나와 잠시 휴식을 취하면서 이렇게 높은 산꼭대기에 이렇게 멋진 호텔이 있는 건 낮에 보았던 아버지들 덕분이란 생각에 가슴이 뭉클했다.

　식당에서 저녁을 먹는데 우리 테이블로 걸어오는 소년이 있었다. 처음 등반을 시작할 때부터 내내 우리를 따라다니면서 촬영을 하길래 이상하다 싶어 오후쯤에 물어보았다. 왜 그러는 거냐는 내 질문에 제대로 답을 못 하고 머뭇거렸다. 그 소년은 한국말을 못 하고 나는 중국어를 못 하고, 그러자 현지인 가이드가 나서서 사진을 찍어주고 사진값을 받아 돈벌이를 하려는 것이라 설명했다. 우리는 이미 성능 좋은 카메라를 지닌 일행이 있는데 우리와 아무런 타협 없이 그런다는 게 이해가 안 됐다. 가이드는 신경을 쓰지 말라지만 나는 자꾸 신경이 쓰였는데 바로 그 소년이었다. 식사를 마치면 우리 숙소로 사진을 보여주러 가도 되냐고 묻는다. 저녁을 먹고 호텔 방에 모여있는 우리에게 사진을 보여주더니 사겠다면 사진과 비디오로 촬영한 테이프를 내일 낮에 점심 먹는 식당으로 가지고 오겠다고 주문하길 권한다. 사진은 금방 변색될 것이고 테이프도 화질이 안 좋을 걸 알지만 다들 엄마들이라 소년이 딱했다. 우리가 낮에 8시간을 넘게 걸어 올라온 험한 길을 이 밤에 다시 걸어 내려갈 그 소년이 우리 자식 같았다. 몇 명이 주문하자 눈치를 보던 소년의 얼굴이 환해졌다. 소년을 보내놓고 잠자리에 들었지만, 낮에 본 아버지들과 겹쳐 마음이 신산했다. 대륙의 습한 공기가 낯선 여행자의 온몸을 휘감아 드는 늦은 저녁 고단하고 행복하고 착잡한 일정을 마감했다.

여행 3일째…. 단화봉에서 일출을 보고 단결송과 사자봉 청량대를 거쳐 붓끝에 핀 꽃잎의 모습이란 뜻의 '몽필생화'를 감상하고 '필화봉'과 '시신봉'을 거쳐 '송객송'의 배웅을 받으며 백아령에서 케이블카를 타고 운곡사로 하산했다.

시내 호텔에서 3박을 하고 여행 4일째, 서동파가 만들었다는 서호를 배로 유람하기 위해 이동하면서 살펴보니 중국은 대륙의 습한 기온 탓에 일반 가정집들도 모두 2층이나 3층으로 지어져있었다. 1층은 거주하지 않고 모두가 창고 등의 용도로 쓰이리라 짐작된다.

오후 4시 비행기를 타고 고국으로 돌아오는데 감회가 새롭다.

중국이 넓긴 넓다 이 먼 나라에서 몇 달을 걸어와서 조공을 바쳐라, 황제께 경의를 표해라, 하며 호령하고 군림했다니 그것이 땅덩어리가 크고 인구가 많은 대국의 힘일 것이리라. 제주도도 못 가보고 끝나는 줄 알았더니 대륙을 가보았구나, 하는 생각에 입가에 웃음이 배어 나온다. 황산이여~ 대륙이여 안녕, 다시 올 수 있기를…

청소하는 미생물

 2025년 4월 15일은 춘천 수필문학회에서 춘천시 하수종말 처리장을 견학하기로 한 날이었다. 인간은 평생을 살면서 엄청나게 많은 양의 오수를 하천으로 흘려보낸다. 지난여름 딸이 출산하고 신생아를 20일가량 돌보았다. 신생아는 2시간마다 먹고, 먹으면 30분 후에 소변을 보고 하루에 3~5회 정도 대변을 본다. 평생을 살면서 그렇게 내 몸을 거쳐 배출되는 엄청난 양의 오염물질이 모두 어디로 흘려보내지고 있는지 한 번도 생각조차 해보지 않았었다. 날마다 씻고 먹고 마시면서 살아있는 사람이라면 누구라도 모두가 하는 당연한 일이라고만 생각했었다.

 우리가 내보낸 모든 하수는 종말 처리장으로 보내진다. 1차로 침전 과정을 거치고 이 과정에서 무거운 침전물은 아래로 가라앉아 다시 걸러진다. 여과된 물은 자연 청소부인 미생물이 탄소와 질소, 인 등의 세균을 먹어 치우면서 오수가 정화되는 것인데 농도가 짙으면 이 과정에 미생물이 폐사하는 일도 있다고 한다. 이후 2차

침전을 거치면서 오염된 세균을 먹어 치운 미생물들은 몸집을 불려 슬러지로 쌓이고, 슬러지를 걸러내어 정화된 맑은 물은 다시 자연 방류한다. 이것을 가만히 살펴보니 사람의 인체와 크게 다르지 않았다. 우리가 입으로 음식을 먹는다. 1차로 하수가 유입되는 과정이다. 제대로 씹지 않고 삼킨 음식물은 가라앉아서 소화불량을 일으킨다. 하수 처리장이 모래, 자갈, 물티슈, 생리대 등의 침전물들을 한 번 더 처리해야 하는 것과 같다. 이후 생물학적 처리에서 농도가 짙으면 미생물이 폐사하듯 우리 몸속으로 들어간 음식도 소장에서 영양이 과부화가 되면 문제가 생긴다. 다시 대장으로 흘러간 음식은 미생물을 만나 영양을 분리하고 쓸모없는 것들을 대소변으로 내보낸다.

나는 하루에 최소한 2번 이상 밥을 차리는 사람이다 보니 내가 먹는 것도 문제지만 조리 중 만들어진 오염물질도 무척 신경 쓰인다. 예를 들면 제육을 볶아먹은 프라이팬을 닦을 때 양념이 범벅된 팬을 그냥 흐르는 물에 씻는 것이 맞는지 아니면 휴지로 한번 닦아 오염물질을 제거하고 씻는 게 맞는 건지 늘 헷갈린다. 모든 오염수가 정화되는 과정이 복잡할 것이라는 생각은 했었지만, 이곳에서 과정을 자세히 설명을 듣고 보니 생각이 많아졌다. 아주 오래전

1970년대에 우리는 다릿발 집에 살았었다. 하천에 튼튼한 다릿발을 세워두고 그쪽으로 화장실을 만들어서 대소변이 하천으로 흘러내려 가는 구조였다. 조금씩 모여있던 오물은 비가 와서 큰물이 생기면 깨끗이 씻겨 내려가 없어졌고 그때는 그게 아무런 거부감이 없었다. 그냥 재래식보다는 냄새와 위생에 한결 자유로웠다. 태백에서는 하천을 따라 지어진 많은 집들이 모두 그런 구조였고 아래쪽에 유일하게 오뎅 공장이 있었다. 당시에는 오뎅이 갓 튀겨져 나오면 세상에 그처럼 맛있는 음식은 없었다. 묵호나 삼척에서 어부들이 포획한 어류 중 상품 가치가 없는 잔챙이는 모두 오뎅 공장으로 도착했고 정부미 포대에 담긴 어류들은 모두 오뎅으로 만들어졌다. 어느 날 오뎅 공장의 인부들이 개울에서 포대를 헹구는 것을 보고 나는 경악했었다. 그 더러운 똥물이 흘러가는 하천에서 씻어진 포대들은 다시 항구로 보내지고 거기에 다시 생선이 담겨 도착한다. 이후 한동안 오뎅을 보면 그 광경이 떠올라 먹기가 불편했다.

18세기 베르사유 궁전에는 화장실이 없었다고 한다. 중세 유럽에는 집안에 화장실이 없어서 밖에서 용변을 보거나 2층 이상인 집들은 창밖으로 배설물을 던져버렸다고 전해진다. 여성들이 굽이 높은 하이힐을 신고 다니는 것은 길거리 오물을 밟지 않기 위함이고 챙이 넓은 모자는 위에서 쏟아지는 배설물을 맞지 않기 위한 도구였다고 한다. 길거리에 진동하는 악취를 막기 위해 향수가 발달했다지만 이 모든 것은 미봉책에 불과했다. 도시화가 진행되면서 악취가 사회적 문제로 떠오르자 법률이 제정되었고 보통의 사람들은 공원이나 골목길, 강가 등을 이용해 용변을 보았다. 부유한 사람들은 '이동 변소꾼'의 도움으로 용변을 보았는데 "뚜일(toile)"이라고 외치면 어디선가 커다란 망토를 두른 변소꾼이 바람처럼 나타났다고 한다. toile은 커다란 망토를 의미하고 오늘날 화장실을 뜻하는 toilet의 어원이 되었다고 전해진다.

쓰레기와 오물로 뒤덮인 중세 유럽은 쥐와 벼룩이 옮긴 흑사병으로 인구의 절반이 죽어갔다고 전해진다. 1858년 정화시설이 갖춰지지 않았고 각 가정에서 흘려보낸 하수가 런던의 템스강으로 흘러들었다. 악취가 나면서 웨스트민스터 의사당에는 의원들이 숨을 쉴 수가 없어서 석회 표백제를 적신 커튼으로 창을 가렸다고 한다.

우리나라도 한국전쟁 때 도처에 널린 분뇨를 본 미군이 경악했었다고 한다. 우리의 재래식 화장실을 보고 '한양 거리는 곳곳이

인분에 잠겨있는 세계에서 가장 더러운 도시'로 기록했다고 전해진다. 그러나 지금 우리는 이처럼 맑은 물을 누리고 있는 선진국이다. 아직도 저개발 국가에서는 물과 전기가 없어서 수질오염에서 헤어나지 못하고 있다 하고, 많은 사람이 장티푸스와 콜레라로 사망한다고 하니 안타깝다.

사회가 발달하면서 인간의 편리를 위해 개발하고 만들어진 온갖 산업 물질들이 환경을 오염시킨다고만 생각했었는데 생존하기 위해 내 몸에서 만들어지는 생리현상으로 하천이 오염되고 병에 걸린다는 걸 알았다. 우리가 평생 먹고 마시고 배출하는 오수를 맑고 깨끗하게 되돌려주는 하수 종말 처리 시스템에 감사함을 느꼈다. 일상에서 아무렇지 않게 쓰고 버리는 모든 것에는 누군가의 보이지 않는 수고와 노력이 존재한다는 것을 알았다. 도시의 깊은 곳에 혈관처럼 깔려 오수를 빨아들이고 정화시켜주는 덕분에 맑게 되살아난 물이 우리를 건강하게 만든다. 미생물아! 고맙다.

아버지들에게

제2차 세계대전이 발발하고 독일이 프랑스를 함락시킨 틈을 이용해 일본은 인도차이나반도로 진주한다. 이에 미국이 석유 금수 조치와 함께 경제적 제재를 가하자 1941년 12월 7일 진주만에 정박해있는 미국의 함대를 일본이 선전포고조차 없이 공격했다. 이것이 일본의 진주만 공격이다. 미국은 전함 5척과 항공기 200대가 파손되고 2,000명 이상이 사망했다. 불시에 공격을 받은 미국의 군사력이 약화한 틈을 타 일본은 필리핀과 인도네시아를 손쉽게 점령했다. 이를 계기로 중립을 선언했던 미국이 참전하면서 태평양 전쟁은 확전되었다.

군사력을 정비한 미군에게 패전을 거듭하면서 밀리기 시작한 일본은 점령지 대부분을 상실하고 본토 앞까지 밀려난다. 함께 전쟁을 시작한 이탈리아와 독일이 패배를 인정하고 항복했지만, 최악의 상황에서도 버티고 있는 일본의 처리와 전쟁이 끝난 유럽 국가의 재편을 위해 미국, 영국, 중국의 3개국 대표가 독일의 포츠담에 모였다. 이때 작성된 선언문에는 1945년 8월 1일까지 항복하면 모든 것을 불문에 부친다는 전쟁사에 보기 드문 관대한 제의를 했지만, 일본은 이를 무시했다. 일본의 지휘부는 가미카제 특공대를 조직하고 죽어서 야스쿠니 신사에 가는 영광을 누리라는 말로 젊은이들의 전쟁 참여를 유도했다. 천황제 유지만이 절체절명의 목표인 일본의 기득권층은 결사 항전의 뜻을 버리지 않았고 '일억총옥쇄'라는 말로 자살 공격을 부추기며 자신들의 욕심에 너의 피를 바치라는 미친 논리를 전개했다.

전쟁을 끝내기로 작정한 미국은 일본의 항복을 끌어내기 위해 1945년 8월 6일 히로시마에 1발, 3일 뒤인 9일에는 나가사키에 또 1발의 원자폭탄을 떨어뜨렸다. 나가사키 의대 병원에서 불과 700m 떨어진 곳에서 폭발한 원자폭탄이었다. 당시 의대 조교수였던 나가이는 머리를 다쳐 피를 흘리면서도 병원으로 쏟아져 들어오는 환자들을 돌보다가 사흘이 지난 뒤, 1km가량 떨어진 집으로 겨우 돌아왔다. 폭격으로 불타 무너져 내린 집의 부엌쯤에서 불에 탄 채 엉덩뼈와 허리등뼈만 남은 앙상한 아내의 시신을 만난다. 그 옆에는 그녀가 항상 걸고 있던 로사리오 사슬이 떨어져있었다. 뼈만 남은 아내의 시신을 알루미늄 양동이에 담아 석양이 물드는 저녁

언덕에 올라 묻어주었다.

그가 전문 분야인 방사선 치료 연구 도중 피폭돼 백혈병으로 시한부 인생을 선고받은 지 불과 두 달 만에 벌어진 일이었다. 감정을 추스를 겨를도 없이 나가이는 구호 활동과 지역 재건에 나섰고, 병세가 짙어져 더는 거동할 수 없어질 때까지 환자 치료에 전념했다. 그는 세계 최초로 인류에게 떨어진 원자폭탄의 참상을 의사로서 직접 겪으며 그 피해를 기록하기 시작했다. 이 기록물은 이후 다시 정리하여 『나가사키의 종』이라는 제목으로 출판된다. 그가 쓴 환자들을 위한 병상일지는 전 세계에 원폭의 피해를 알리는 귀중한 자료가 되었다.

그날 폭격으로 사망한 사람은 7만 3천884명이고, 부상자는 7만 4천909명으로 공식 집계(1945년 12월 말 집계)됐다. 당시 나가사키의 인구는 24만 명 정도였다. 한국인들도 대략 만 명 정도가 사망한 것으로 알려졌고, 원폭의 피해로 후유증에 시달리는 사람들도 수천 명이 넘는다. 대를 이어 전해진 유전병으로 장애를 앓는 경우까지 포함하면 그 피해는 상상을 초월한다.

이때의 상황을 기록해놓은 일지들은 1945년 10월 『구호대 활동 보고서』라는 기록물로 출판되었다. 당시 원고를 검열했던 미국

국방성은 이 책의 출판을 한동안 금지하기도 했다. 모든 사람에게 반드시 진상을 알리겠다는 생각으로 그는 나가사키 최후의 날의 모습을 있는 그대로 기록했다. 한국에서는 『그날, 나가사키에 무슨 일이 있었나』라는 제목으로 출간되었고, 영화와 노래로도 제작되었다.

백혈병 증세가 악화하자 그는 병원 일을 그만두고 요양을 위한 집을 짓고 그곳에서 집필에 전념했다. 그가 남긴 『사랑하는 아이들에게』라는 책은 자신의 두 아들을 빗대 일본 국민에게 남긴 글이다. 평화헌법을 "전쟁의 참화에서 눈을 뜬 진정한 일본인의 목소리"라고 정의했고, "일본을 둘러싼 국제 정세에 따라 전쟁 포기 조항을 삭제하자고 외치는 자가 나와 일본의 재무장을 끌어내리려고 할지도 모른다."라며 우려했다. 그는 자녀들에게 전쟁을 반대하라고 가르치며 1951년 5월 1일, 43세로 세상을 뜬다. 방사선 피폭 후유증으로 얻은 백혈병으로 투병한 지 5년 만이었다. 장례는 폐허가 된 우라카미 교회에서 치러졌고 2만여 명의 추도객이 몰렸다. 영결식이 끝난 뒤 전국의 모든 교회와 성당, 사찰에서도 일제히 종을 울렸다. 1947년 5월 3일 일본은 새로운 헌법을 시행했는데, 그 중심에 '일본은 무력행사를 영구히 포기하고 육해공군을 보유하지 않는다'는 내용의 헌법 제9조가 있었다. 그는 이 헌법이야말로 평화헌법이라는 사실을 사람들에게 환기했다. 그는 목숨을 걸고 이 평화헌법을 지켜달라고 마지막 당부를 하면서 눈을 감았다.

일본이 전쟁에 패하며 만든 이 평화헌법은 현재 78년이 되었다. 3년 전 사망한 아베는 전쟁이 가능한 나라로 자국의 법을 바꾸고 싶어 했다. '전쟁 금지, 군대보유 금지'라는 이 법을 바꾸기 위해 헌법 제9조 2·1항을 신설하고, 군대라는 말 대신 '실력조직'이란 용어까지 만들었지만 끝내 개헌하지 못하고 사망했다. 그러나 그 뜻을 이어받은 자민당이 세력을 키우는 한 불씨는 꺼지지 않았다. 북한의 핵 위협에 시달리는 우리는 이런 일본의 상황에도 관심을 가져야 한다. 가장 야만적인 전쟁. 그것은 화학약품을 사용한 전쟁이다. 고엽제가 그랬고 원자폭탄이 그렇다. 세계를 다스리는 위정자들이여, 부디 눈먼 욕심을 버려라. 인류에게 더 이상의 화학약품을 사용하지 말 것을 강력히 경고한다.

더 많은 식민지를 갖고 더 많은 영토를 차지하기 위해 수많은 젊은이의 피를 바쳤지만 끝내 잿더미만 남은 일본이었다. 세계사 어디에도 전쟁을 일으키고 이득을 본 나라는 없는데 어째서 전쟁은 끝날 줄을 모르는가? 우크라이나 전쟁에서 살고 싶어서, 살아서 가족의 품으로 돌아가고 싶어서 온몸으로 항복하는 러시아 군인을 보았다. 포탄이 터지는 거리에서 피를 흘리는 피난민들, 부모를 잃은 전쟁고아가 울고 있는 사진은 가슴이 너무 아프다. 러시아와 우크라이나 전쟁에 이어 이스라엘과 하마스까지, 일을 벌인 자들은 안녕하시고 죄 없는 백성들만 안녕하지 못한 미친 전쟁, 제발 이제는 끝내자.

갈수록 강도를 높이며 자신들의 핵 전술을 자랑하는 북한의 김정은도 자식을 낳아 기르는 아버지이다. 자신을 똑 닮은 사랑스러운 딸의 손을 잡고 환하게 웃으면서 하필 사람을 죽이는 핵무기를 보러 다니는 아버지라니….

김정은이 딸과 함께 ICBM을 보며 웃고 있거나 무기 공장을 견학하는 사진을 보면서, 아버지가 사랑하는 자녀에게 보여주고 싶은 것이 겨우 그런 것일까? 참으로 안타깝다. 사랑이라는 바탕색으로 내 아이에게 아름다운 미래를 그려주어 아이가 자라 어른이 될 때까지 마음을 따듯이 데워줄 추억을 선물하는 대신 아이 앞에서 불바다를 운운하며 서슬 퍼런 독한 말을 가르친다. 서로를 겨냥하는 총구를 들이밀며 적대적인 관계를 이어가는 그 끝에 자녀의 마지막에 무엇이 남을지 묻고 싶다. 그는 자식과 그의 민중에게 어떤 아버지로 남고 싶은 것인가?

세상에 영원한 것은 아무것도 없다. 영원한 삶도 없다. 세상의 아버지들이여 전쟁을 멈춰라. 국가가 국민의 생명과 재산을 보호할 의무가 있듯이 아버지 당신들은 가족의 생명을 보호해야 할 의무가 있다. 전 세계의 위정자들이여, 아버지들이여, 부디 전쟁을 멈춰라.

천년의 기록

원주는 강원도에서 인구가 가장 많은 도시다. 지리적으로 사통팔달인 장점도 지녔다. 삼국시대에는 백제의 영토였다가 고구려의 남하정책으로 장수왕 469년에 고구려의 영토가 되면서 '평원군'이라 하였다.

이후 신라의 진흥왕이 차지하고 약 556년 진흥왕은 북한의 강원도까지 진출한다. 약관의 나이로 승전을 거듭하면서 영토를 넓힌 진흥왕은 승리의 업적을 남기는 순수비를 전국에 세웠다. 현재까지 발견된 것은 북한산비, 창녕의 순수비, 함남의 황초령비, 마운령비 등이 있다. 문무왕 678년에 9주 5소경을 설치하면서 '북원소경'이라 하였다가 경덕왕 때에 '북원경'으로 이름을 바꾸었다. 궁예를 추방하고 고려를 세운 태조 왕건이 940년에 북원경을 폐지하고 원주로 개칭하면서 그 지명이 오늘에 이르렀다.

676년 삼국을 통일한 신라는 당나라의 발전된 문물을 받아들여 불교문화를 발전시켰으며 서역과의 활발한 교류를 통해 한때 크게 번성했었다. "흥망이 산중에도 있다 하니 더욱 비감하여라."

이은상의 「장안사」처럼 모든 역사에는 흥망성쇠가 있다. 내가 소유한 내 집이라 하는 이곳도, 사람들이 분주히 오가는 서울특별시의 특별한 금싸라기 땅도, 수 세기 전 누군가 애지중지 쓸고 닦으며 소유하던 곳이다. 영원한 것이 없는 세상에서 잠깐의 소유를 충족시키기 위해 인간은 무던히 애를 쓴다.

오늘은 원주의 구룡사와 역사박물관을 거쳐 3대 폐사지 중의 하나인 법천사지를 가는 중이었다. 흥법사지와 거돈사지까지 모두 원주에 있는 걸로 봐서 원주가 불교의 한 축을 담당한 것으로 짐작된다. 원주는 치악산이 병풍처럼 둘러서있고 섬강은 부론을 지나 남한강과 합류한다. 섬강을 따라 형성된 곡창지대에서 생산된 쌀은 '흥원창'을 통해 물길을 따라 서울로 운송되었다. 그 흥원창이 지금은 아름다운 노을을 즐기는 곳으로도 유명하다. 낮이라 일몰은 보지 못하고 강 옆으로 흔적만 남아있는 흥원창을 지나 법천사지에 도착했다.

임진왜란에 전소되고 건축물의 바닥만 남아있는 엄청나게 넓은 절터의 한쪽에 당간지주만이 덩그렇게 서있었다. 당간지주란 사찰의 입구나 뜰에 세우는 두 개의 돌기둥이다. 사찰에 의식이나 행사가 있을 때 당을 달기 위해 세워놓은 기둥인데 두 개의 기둥

사이에 받침돌도 본래의 모습을 잘 간직하고 있었다. 신라 성덕왕 725년에 창건한 법천사는 법상종의 대표적인 사찰이었다. 법상종과 화엄종이라는 두 개의 종파가 당시 대표적인 종파였다. 지금까지 남아있는 김제의 금산사, 속리산의 법주사, 팔공산의 동화사 등이 법상종의 대표적인 사찰이다.

통일신라는 불교문화의 부흥기였다. 이 시기에 만들어진 불상의 완성도는 지금도 최고로 손꼽힌다. 이때 탄생된 불교문화의 많은 걸작들은 안타깝게도 임진왜란 때에 불에 타서 소실되거나 혹은 일제 강점기에 일본으로 반출된 것들이 많다고 한다. 나라의 역사가 파란을 겪으면서 도자기와 미술품 그리고 전국의 사찰에서 보관되던 귀한 불상 등의 문화예술품들을 지켜내지 못했다. 학계에서는 임진왜란을 도자기 전쟁이라고 한다. 도자기 광이었던 도요토미 히데요시가 우리의 도자기를 힘으로 빼앗아 갈 궁리를 한 것이 전쟁을 일으킨 중요한 원인이 되었을 것이다. 당시의 도자기 기술은 지금의 반도체 기술과 맞먹는 기술이었다. 우리나라 가정에서 사용하던 막사발을 강제로 빼앗아 가서 '이도다완'이라 부르며 성 하나와도 바꾸지 않는다고 하였다. 그뿐인가? 우리나라의 도공들을 강제로 끌고 가 자기들 나라에 살게 하면서 도자기를 만들게 하였으니 우리의 문화를 강제로 훔쳐 간 것이다.

신라는 8세기 후반부터 소수의 진골 귀족에게 권력이 집중되면서 9세기 말 쇠퇴한다. 진성여왕 때 이르러 전국 곳곳에 농민 봉기가 일어나고 본격적인 쇠락의 역사는 시작된다. 신라는 경순왕을 마지막으로 935년 문을 닫는다. 이후 고려 문종 때에 당대 제일가는 지광국사가 머물면서 왕실의 후원을 받아 법천사는 대규모의 사찰이 되었다고 한다. 문종은 고려 시대 중 가장 찬란한 문화 황금기를 이룬 왕으로 기록되어있다. 법천사는 지광국사가 승려의 길로 들어선 곳이자 말년에 입적한 곳이다. 임진왜란으로 사찰은 모두 불타버리고 현재 유물로는 지광국사 탑과 탑비가 있고 당간지주가 있다. 몇 년째 이어져온 유물의 발굴로 바로 옆에 '법천사지 유물전시관'을 지어놓고 지금까지 발굴된 유물을 전시해놓았다.

조선 초기에는 학자 유방선이 머물며 제자를 가르쳤는데 한명회, 서거정, 권람 등 우리도 알 만한 역사적인 인물들이 그곳에서 배출되었다. 984년에 태어나 1067년 향년 84세로 입적한 지광국사의 탑과 탑비는 국보 제59호로 지정되었는데 조각의 기법이 매우 화려하고 섬세했다. 거북 받침돌 위로 비석 몸돌을 세우고 그 위에 네 귀가 바짝 들린 채 귀꽃을 달고 있는 머릿돌을 올려놓았다. 거북의 등껍질에는 여러 칸의 사각형 무늬를 만들고 그 안에 임금 王 자를 새겨넣었다. 비석 몸돌의 양옆에는 구름 사이로 여의주를 희롱하는 두 마리의 용이 화려하게 새겨져있다.

그 시대, 용은 임금의 상징이었다. 하늘과 임금이 등가였던 고려시대에 임금 왕 자를 새겨넣을 정도라면 국사의 위상이 짐작이 간다. 문종은 시호를 지광(智光), 탑호를 현묘(玄妙)라 내리고 비문을 지으라 명했다. 비문 짓기에 참여한 대신들은 중대부, 문하시랑, 동중서문하평장사, 판상서, 예형부사감, 감수사, 겸태자대전, 상주국, 당대의 문신 정유산 등이었다. 그들이 최고의 극찬으로 명문장을 만들어 바쳤고 그걸 안민후라는 명필가가 부드러운 구양순체로 썼다.

1912년 일본으로 무단 반출되었다가 경복궁으로 돌아온 탑은 한국전쟁을 겪으면서 여러 군데 파손되었다. 처음 복원 시에는 기술력의 부족으로 복원 재료로 썼던 모르타르의 탈락으로 추가 훼손까지 되었다. 국감에서 지적받은 문화재청이 2016년 정교하게 다시 복원하여 오늘에 이르렀다.

왕의 후원을 받으며 규모와 위용을 자랑하던 법천사가 임진왜란으로 불타 없어지지만 않았더라면 문화유산으로서의 그 가치는 대단했을 것이다. 건축물과 함께 그 안에 소장되었던 불상이나 그 외 많은 유물의 뛰어난 석조미술 양식을 볼 수 있었을 것인데 너무나 아쉬웠다. 어쩌면 왜구들이 가치 있는 귀한 문화재는 모두 빼돌리고 불을 지른 것인지도 모른다. 나라의 흥망성쇠와 맥을 같이 한 드넓은 폐사지에서 천년의 역사를 들추어보는 이 순간도 오랜 시간이 흐르고 나면 역사가 되고 기록으로 남을 것이다. 일제의 침탈로 소중한 문화유산은 잃어버렸지만 천 년 전 그때의 역사를 다시 만날 수 있었던 건 정유산과 그 대신들 그리고 안민후 이런 문인들의 덕분이다. 단순한 기록이 아닌 소중한 문화의 자원으로 우리에게 전해진 것들을 살펴보면서 글은 모든 문화의 시작이자 끝이라는 것을 새삼 느꼈다. 천년의 기록들을 만난 오늘, 내 비록 이름 없는 문인이지만 이 글을 짓고 있는 지금 이 순간이 더욱 소중하게 느껴진다.

왕의 탄생

 2025년 4월 29일 춘천에서 출발한 버스가 공주를 향해 달리고 있었다. 작년 가을 이곳을 왔었지만, 공산성이나 공주 국립 박물관을 가지 못했다. 함께 여행을 온 일행들이 국립 박물관의 유물이나 역사에는 관심이 없는 사람들이라 이곳을 패스하고 다른 곳을 선택해 스쳐 간 여행지였다. 오늘은 공산성과 무령왕릉, 공주 국립 박물관을 코스에 모두 넣었다.

 공주와 부여에는 유네스코가 세계유산으로 지정한 백제역사유적지구가 있다. 총 여덟 개의 고고학적 부지로 성곽, 왕릉, 옛 행정치 디, 시원, 고내 노시 성곽의 일부 등으로 구성되어있다. 유네스코 웹사이트는 백제역사유적지구에 대해 다음과 같이 설명하고 있다. "백제역사유적지구의 고고학 유적과 건축물은 한국과 중국 및 일본의 고대 왕국들 사이에 있었던 상호교류를 통해 이룩된 백제의 건축 기술의 발전과 불교 확산에 대한 증거를 보여준다." 백제(B.C. 18~A.D. 660)는 한국의 고대국가 중 하나로 부족연

합국가였다. 만주와 한반도에 걸쳐 기원전 마지막 세기부터 600년 대까지 존재했다는 짧은 설명이지만 나의 마음은 설레고 있었다. 1,425년 전 지나간 누군가의 흔적을 쫓아 3시간을 넘게 달려 도착한 공산성 성벽 위에서 도도히 흐르는 금강을 바라보았다. 아름다운 경치와 성곽, 함께 어울린 봄이 내 어깨에 내려앉아 눈길 가는 곳마다 산수화를 그린다. 거대한 시간의 수레바퀴를 돌리며 스쳐 지나간 이름 없는 또 다른 나와 그의 어머니와 어머니…. 지금 이 시간이 수십 세기를 거치면서 나에게 온전히 배달되기까지 힘겨웠을 아버지의 아버지 또 그의 아버지들에게 경의를 표했다. 개인 여행이었다면 성곽을 한 바퀴 돌아 걸으며 천천히 음미할 수 있었겠지만 고령의 회원들과 함께한 여행인지라 그 욕심은 주머니에 고이 접어 넣었다.

점심 식사 후 무령왕릉과 왕릉원으로 향했다. 삼국시대 백제의 제25대 왕으로 이름은 '사마' 또는 '융'이다. 키가 8척(약 184cm)이고 용모가 아름답고 성품이 온화했다고 기록된 무령왕은 1971년 7월 5일 송산리 5, 6호분의 배수로 공사 중 우연히 발견되었는데 무덤 입구가 벽돌과 백회로 빈틈없이 밀봉되어 도굴당하지 않고 온전하게 발견되었다. 아치형 입구를 들어내자 무덤을 지키는 돌짐

승인 진묘수와 함께 왕과 왕비의 지석 2매가 가지런히 놓여있었으며 그 위에 고대 중국에서 유통된 화폐 꾸러미가 얹혀있었고 지석에는 백제 무령왕과 왕비가 돌아가셔서 이곳 대묘에 안장했다는 내용이 수려한 해서체로 새겨져있었다. 1442년 만에 무령왕과 왕비의 실존이 밝혀졌다. 재위 기간은 501~523년이며, 북방정책에 몰두하여 고구려말갈 등의 침략을 무찌르고 대비책을 강화했으며, 중국 남조의 양(梁)나라와 관계를 강화하는 외교정책을 폈다.

지배 귀족들의 전횡을 막고자 좌평제를 폐지하고 22부사제로 행정 체제를 바꾸었으며 수리 시설을 정비하고 호적체계 정비로 안정적 국가 운영의 토대를 마련했다. 506년 기근으로 백성들이 굶주리게 되자 창고를 풀어 이를 구제했고, 510년 영을 내려 제방을 수축하는 한편, 아무 일도 하지 않고 놀고먹는 사람들을 구제하여 고향에 돌아가 농사를 짓게 하였다. 백성들이 거처 없이 떠돌아다니는 것은 세수의 감소뿐만 아니라 인력 동원 등 여러 면에서 국력의 약화를 가져올 수 있었다. 이에 무령왕은 흉년을 당하여 가난해진 백성들을 적극적으로 도와 농민층의 안정을 추진하고 국가 재원의 확보로 이어지는 경제정책을 펼쳐나갔다.

대민정책을 펼치면서 한강 유역의 상실 이후 축소된 경제기반을 확대하기 위해 수리 시설을 완비함으로써 금강 유역을 개발하고 농업생산의 증대를 도모하여 왕정의 물적 토대를 마련하였다. 백성들의 안정을 통해 강력한 국가를 재건하고자 한 것이다. 509년에는 도망가서 호적이 끊긴 자를 찾아내서 호적에 올리도록 하였다. 도망간 백성을 찾아내서 다시 백제로 옮기어 호적에 편입시키는 것은 이전과는 다르게 이를 수용할 수 있는 여건이 마련되었다는 것을 의미한다. 임나 지역에 대한 호구조사를 하고 있었다면 백제 영역 내에 사는 백성들에 대해서는 그 이전부터 호구를 조사하여 호적을 만드는 조치들이 이미 실시되었음을 전제로 한다. 따라서 무령왕 때에는 전국적인 호구조사를 실시하여 호적체계를 정비하였음을 알 수 있다. 무령왕은 한강 유역을 고구려에 빼앗긴 후 혼란에 빠진 백제를 안정시키고 백제 중흥의 발판을 마련한 왕으로 평가된다. 까마득한 옛날 그 시대에도 외국과 문화를 교류하고 백성의 더 나은 삶을 위해 호구조사를 하고 대민정책을 펼친 정치가 있었다는 게 참으로 놀랍다.

무령왕릉은 연화문(연꽃무늬) 벽돌로 아치를 쌓은 아치형 벽돌무덤이었다. 백제 무덤 중 유일하게 주인이 확인된 왕릉이었다. 발굴된 비석에 "영동대장군 백제 사마왕"이라는 글자가 무덤의 주인이 누구라고 밝힌 한국판 투탕카멘급의 국보였다. 그러나 허술

한 발굴과 무지한 관리로 인해 최악의 발굴이라는 오명이 지금까지 꼬리표처럼 붙어있다. 발굴 당시 놓여있던 곳의 기록이나 일련번호가 없어 오로지 기억으로 재현했고 무작위로 자루에 쓸어 담는 바람에 훼손되고 버려진 것이 많다고 했다. 무령왕릉은 당시 백제 문화의 국제성을 드러내고 있기도 하다. 벽돌무덤이라는 형식 자체가 당시 중국 남조에서 유행하던 묘제였다. 무덤을 수호하는 진묘수 역할을 했던 석수와 중국제 청자육이호와 청자등잔의 존재도 백제와 남조의 활발한 교류를 보여준다. 능 안에서는 금관과 정교한 예술품, 석판 등이 발굴됐다.

이곳에서 출토된 문화제를 보러 공주 국립 박물관으로 향했다. 무령왕릉에서 출토된 유물은 모두 108종 2,906점이다. 금관, 금은 장신구, 석수(돌짐승), 동자상, 청동거울, 도자기, 지석 등이 있다. 무령왕릉에서 있었던 대규모 발굴 덕분에 백제 시대에 장례를 어떻게 지냈는지 알 수 있게 되었고 고구려, 백제, 신라, 가야, 양나라, 북위 그리고 동아시아와 베트남 태국 등의 국가들과 문화교류를 확인할 수 있었다고 한다. 묘실의 관을 올려놓은 대위에는 왕과 왕비의 관을 만들었던 나무 조각이 가득 놓여있었으며 목관의 판재들 밑에서는 왕과 왕비가 착용하였던 장신구와 몇 점의 부장 유물이 출토되었다. 중요 장신구류로는 금제관식, 금제이식, 금은제 허리띠, 금동장 신발, 은제 팔지 등이 있고 왕의 허리에서는 왕의 권위를 상징하는 '용봉문대도'가 출토되었다. 그 밖에 왕과 왕비의 베개 및 발 받침대가 목관 안에 놓여있었고 그 외에 중요 부장품으로는 청동거울 3면과 은제 탁잔 등이 출토되었다고 한다. 일본산 금송으로 만든 목관을 통해 일본과의 밀접한 관계 역시 짐작할 수 있다. 최근에는 무령왕릉에서 출토된 유리구슬에 사용된 납이 태국에서 생산되었음이 밝혀졌다고 한다. 선진 문화를 수용하여 백제화하는 주체성도 나름대로 가지고 있었다.

박물관을 둘러보니 당시 출토된 도자기들을 조각조각 이어 붙여 진열해두었지만, 끝내 모서리 한 조각을 찾지 못한 채 맞춰진 문화재들이 많았다. 발굴 당시의 훼손으로 인한 것일 수도 있겠다는 생각에 안타까웠다. 무령왕릉은 하나의 묘에 보물과 석판 모두가 있었기 때문에 백제 후기 왕실의 모습과 매장 풍습에 대해 많은 정보를 제공한다. 대략 1,500년 만에 모습을 드러낸 금제 관장식 등의 호화로운 유물 덕분에 해방 이후 우리나라 고고학 최대의 발굴로 기록되었다. 몸에 지니기 힘들 정도로 크고 호화로운 그 옛날의 금장 유물을 둘러보면서 예나 지금이나 정치를 힘겹게 떠받치고 있는 일반 노동자들이 떠올라 씁쓸했다. 그 순간 사회적 불평등과 고통에도 끈질기게 살아남은 노동자들을 스스로 바퀴벌레라 칭하며 부르던 멕시코의 민중가요 〈라쿠카라차〉가 떠올랐다.

무령왕 정권의 탄생은 동성왕의 시해라는 정변을 통해 이루어졌다. 오늘 이 글을 쓰는 2025년 6월 4일은 대한민국 제21대 대통령이 탄생된 날이다. 20대 대통령의 12.3 계엄이라는 뜻밖의 헛발질로 이루어진 조기 대선으로 새로운 정권이 탄생된 것이다. 우리는 두 번씩이나 대통령을 파면시킨 불행한 바퀴벌레들이다. 더는 파면되는 대통령이 나오길 원치 않는다. 부디 아무런 사고 없이 재임 기간을 채우고 바퀴벌레들의 삶을 진심으로 걱정하는 애민 정신을 실천하는 대통령이 되어주길 바란다. "라.쿠.카.라.차"

가족

부모를 선택할 수 있다면 누구를 고르시겠습니까?

'창비'에서 청소년 문학상을 받은 『페인트』라는 책의 내용이다. 부모 없는 아이들을 13세가 될 때까지 국가에서 일률적으로 양육한 후에 13세가 되면 아이는 자신의 취향대로 부모를 고른다. 부모가 되려면 아이에게 면접을 통과해야 한다. 세 번의 면접을 거치고 부모가 될 사람과 아이가 함께 한 달의 합숙 기간을 가진다. 한 달의 합숙 후에 아이는 최종 선택을 한다. 국가에서 부여한 일련번호로 불리던 아이가 자신의 이름을 만들고 가족을 구성하고 나면 그곳에서의 흔적은 깨끗이 지워지고 새로운 호적이 생긴다. 과거의 흔적을 깨끗이 지우고 다시 태어난다는 것을 암시하는 뜻으로 아이들은 그 면접을 페인트라는 은어로 부른다.

아이들은 최상의 조건에서 최고로 키워지지만, 친부모와 사는 보통의 사람들은 그들을 배척하고 불안한 시선으로 지켜본다. 아이들은 20세가 될 때까지 부모를 정하지 못하면 시설에서 나가야 한다. 가족을 만들어서 사회로 나가야만 사람들의 배척을 피할 수가 있다. 자신들의 입장이나 사정으로 제때 출산과 육아를 할 수 없었던 사람들이거나 혹은 국가에서 주는 양육 수당이 필요한 사람들이 부모가 되기를 희망한다.

서로의 이해와 필요로 가족을 만들고 새로운 가족의 탄생을 그린 청소년소설이다.

생물학적인 모든 것을 배제하고 취향에 맞는 부모를 면접으로 고른다면 행복한 삶이 될까? 나 역시 청소년기에 부모를 골라서 가지고 싶다고 생각해본 적이 여러 번 있었다. 자식을 우선순위에 두지 않고 자신들의 생각에만 차우쳐서 싸움만 일삼는 부모님들이 싫었고 자식의 마음을 한 번도 살피지 않는 부모가 원망스러웠다. 부러울 정도의 부를 가진 부모가 자식들이 원하는 모든 것을 채워주는 걸 볼 때 나는 어째서 저런 부모를 못 만났을까 원망도 했던 직도 있었다.

40대가 되고 부모가 되어 헉헉거리며 살아가던 어느 날 아버지를 여의고 슬픔에 잠긴 친구가 있었다. 우울해하는 친구를 위로하기 위해 함께 저녁을 먹으며 이런저런 이야기를 하던 중에 추운 날씨 이야기가 나왔다. 갑자기 설움에 복받친 듯 친구는 꺼이꺼이 울기 시작했고 나는 당황했다. 친구네 집도 우리 집처럼 딸 부잣집이었다.

1970년대엔 어느 집이나 석탄이 귀중한 연료였고 집마다 연탄난로가 있었다. 친구의 아버지는 연탄 난롯가에 딸들의 신발을 빙 둘러 걸어놓고 따듯하게 데워진 신발을 학교에 가는 딸들에게 일일이 신겨주며 잘 다녀오라고 머리를 쓰다듬어주었다고, 친구는 추운 날이면 아버지가 데워주던 신발이 생각난다며 흐느껴 울었다. 친구는 울고 있었지만 그런 아버지를 추억하는 친구가 너무나 부러웠다. 그때 깨달았다. 부모란 많은 부를 물려준다든가 좋은 집에서 살게 해주는 것보다 많은 추억을 만들어주고 아이의 영혼을 따듯하게 데워주는 존재란 것을…

그 따스한 유년 시절의 아름다운 기억은 평생을 살아갈 수 있는 삶의 힘이 되고 자양분이 될 것이다. 한편의 동화 같은 기억을 스케치하며 자식들에게도 같은 그림을 그려줄 수 있는 아름다운 내리사랑, 가슴속에 늘 따뜻한 난로를 품고 살아갈 위대한 유산이다.

가족이란! 생각만으로도 가슴이 따뜻해지는 존재, 상상만으로도 입꼬리가 슬며시 올라가는 존재, 나를 지탱할 수 있게 하는 힘을 주는 귀중한 존재, 그것이 가족이다. 친구와의 대화 이후에 그런 부모가 되기 위해 나는 부단히 노력했다. 가족해체의 직전까지 갔던 적도 많았지만 그럴 때마다 나의 인내가 우리 아이의 영혼을 따듯이 데워줄 거라 믿으면서 참고 또 참았다. 가족이 사랑을 나누고 서로에게 힘이 되기 위해서는 누구 한 사람의 일방적인 희생을 요구하지 말고 함께 애쓰고 배려해야 한다. 함께 노력해서 아이의 영혼이 늘 맑고 따듯하도록 배려해준다면 부모를 바꾸고 싶다던가 취향대로 고르고 싶다는 상상은 하지 않았을 것이다. 연탄난로에 자식들의 신발을 따듯이 데워주는 아름다운 이야기는 내 가슴에 한 편의 동화가 되어 늘 기억을 맴돌았다. 오늘, 아름다운 1970년대의 동화를 머릿속에 그려 떠올려보면서 가족이라는 의미를 다시 한번 되새겨본다.

남의 편

어버이날 겸 부처님 오신 날 연휴라 딸이 방문한다기에 설레는 마음으로 마트에 가는 길이었다. 주차장에 도착해 차 문을 열고 내리는데 바로 옆 차에서 내린 젊은 청년이 "아줌마 지금 내 차 쳤지요?" 한다. 엥! 이게 무슨? 운전을 내가 한 것도 아닌데… 생각하면서 "내가요?" 하며 눈을 크게 뜨니 "아줌마가 지금 내 차를 치고 내렸잖아요?" 한다.

"아닌데요. 무슨 말이지요?" 다시 물으니 핫, 참! 소리와 함께 자기 차의 옆을 손으로 만지면서 "여기, 여기 만져봐요. 꺼질꺼칠하잖아요? 이거, 이거 어쩔 거예요?" 하며 자기 차 옆을 네 손가락을 펴서 쓰다듬는다. 아무리 살펴봐도 흠집은커녕 미세한 자국조차 보이지 않았다. 살펴보니 금방 나온 듯 반짝반짝한 새 차였다. 그 정도의 새 차에 흠집이 생겼다면 눈에 안 보일 수가 없는데 아무리 살펴도 보이지 않는다. "대체 어디 가요?" 물으니 자기 차의 옆구리를 손바닥으로 서너 번을 탕탕 두드리면서 격분한 말투로 "여기요, 여기!" 하길래, 그 청년이 가리키는 곳을 나도 따라서 손으로 쓸어보니, 아주 가는 부스러기처럼 뭔가 느껴지긴 한다.

"여기라는 말이지요? 그런데 눈에 보이지도 않는데 여기 맞아요?" 물으니 자기 손으로 우리 차 문을 열면서 "아줌마가 내리면서 차 문으로 이렇게 쳤잖아요." 하는데 어라, 지금까지 만지며 가리키던 곳이 전혀 아니었다. 우리 차의 문짝은 그 차의 튀어나온 손잡이에 닿을 뿐 조금 전 문지르던 곳은 아예 상관조차 없었다. 내가 그 청년을 쳐다보자 눈이 마주친 청년은 "거기가 아니고 여기네." 혼잣말을 하더니 "아무튼 내 차를 쳤으면서 왜 사과를 안 하세요? 쳤으면 사과를 해야지 끝까지 인정을 안 하시네." 하는 거였다. 처음엔 어리둥절했다가 슬슬 나도 화가 나기 시작했다.

차량의 사이가 좁다 보니 여간 조심해 내리지 않고는 옆 차와의 접촉을 피할 수 없는 게 현실이다. 그렇다 보니 내가 의도하지 않은 접촉이 생길 수 있지만, 그 차에 피해를 줄 정도였다면 내리면서 모를 리가 없는데 정말로 나는 아무것도 느끼지 못했다. 그렇더라도 그 차에 문제가 생겼다면 응당 사과와 보상 조치를 했을 것인데 청년이 지목한 곳은 엉뚱한 곳이었고 손잡이는 말끔했다. 한문철의 블랙박스를 시청하다 보면 의외로 말도 안 되는 이유로 싸움이 생기기도 하고 이유 없는 폭행이 발생되기도 한다. 꾹 참고 아주 건성으로 "미안해요." 했다. 그러자 다시 하란다. 나도 말로는 절대로

지지 않을 사람이다. 굳이 따진다면 엉뚱한 곳을 손바닥으로 치며 나를 몰아붙인 그 청년도 나에게 사과해야 맞다.

  그 청년을 쳐다보며 "아니 대체 어디가 어떻게 됐다는 건데요?" 하자, "내가 차에서 괜히 내렸겠어요? 아줌마가 내리면서 내 차를 쳤다고요. 그러니 사과하라고요." 한다. "했잖아요." 하니 "그게 사과예요? 제대로 하라고요." 갈수록 어이가 없다. 두 손을 비비며 하란 건지? 무릎을 꿇으며 하란 건지? 딸의 방문만 아니라면 나도 성깔 한번 부려보고 싶었다. 그 순간 함께 간 남편이 이쪽으로 건너오며 나에게 "아 그냥 사과해, 하면 되잖아." 벌컥 짜증을 낸다. 우리가 타고 간 차는 스타렉스라서 차가 크고 높다. 하여 저쪽에서 그냥 서 있던 남편은 이쪽의 사정을 모른다. 아마도 사과하라고 하는 그 청년의 말만 듣고 그때까지 사과를 놓고 언쟁하고 있는 걸로 알아들은 게 분명하다. 남편을 쳐다보며 "알지도 못하면서?" 하니, "내리면서 문짝으로 쳤겠지. 빨리 사과하고 가면 되지 뭐 하는 거야?" 한 번 더 재촉하길래 속으로 '그래. 너도 이 젊은이하고 싸우기는 싫겠지. 나도 자칫 싸움으로 번져서 뉴스에 나가는 싫다.' 생각하며, 청년에게 "미안합니다." 다시 한번 사과하고 그 자리를 피해 나오는데 다리가 후들후들 떨리고 심장이 두근거리면서 분한 마음에 화가 솟구치며 눈물이 핑 돌았다.

마트를 들어서서 남편을 향해 "알지도 못하면서 왜 강요해? 사과를 안 한 게 아니야. 사과했는데 다시 하라고 강요받고 있던 건데, 중간에 끼어들긴 왜 끼어들어? 내가 차를 쳐서 흠집이 있는 것도 아닌데."라며 쏘아붙였다. 정신없이 장을 보고 차가 집에 도착할 무렵 그때까지 분이 풀리지 않아 다시 한번 남편에게 말했다. 처음부터 참견하던가 그게 아니면 일방적으로 나를 몰아붙이지 말고 전후를 물어봤어야 맞는 게 아니냐고 하니 또다시 벌컥 화를 내면서 "이미 다 끝난 걸 가지고 지금 와서 어쩌라고?" 하며 큰소리를 내더니 거칠게 차 문을 닫고 내렸다.

늦은 저녁 딸과 사위가 손녀를 안고 도착해 하룻밤을 자고, 다음날 오후 떠났다.

아이들을 보내놓고 둘이 남은 집에서 늦은 저녁에 마주 앉았다. "우리 어제 얘기 좀 할까?" 했더니 눈을 둥그렇게 뜨길래, "그 사람들도 가고 없고 다 끝난 얘기란 거 나도 알아. 그래도 내가 하소연하면 '그래 당신 많이, 속상했겠네. 그래도 어떡해? 괜히 젊은 사람들하고 말싸움하다 커져서 자칫 귀찮은 일이라도 생길까 봐 내가 일부러 그런 거지. 에이 나쁜 놈! 다 지난 일이니 잊어버려.' 그렇게 하는 게 맞는 거지." 말하는 순간, 아 c 또 그 얘기야!!!!

언젠가 어떤 아줌마가 라디오에 올린 사연이 떠올랐다. "같은 아파트 단지 안에서 친하게 지내던 이웃과 시비가 있었고 온종일 마음이 불편했다. 저녁에 퇴근한 남편에게 답답한 심정을 토로했는데 남편이 '무슨 일로? 그래서? 어떻게?'라며 누구의 잘못인가를 가리려는 재판관처럼 자신을 심문해서 크게 싸웠다고, 나는 누구의 잘잘못을 가려달라는 게 아니라 그저 누군가에게 털어놓고 싶었을 뿐이고 '그랬구나? 마음이 불편했겠네!'라는 위로를 받고 싶었을 뿐인데…" 하던 그 아줌마의 사연이 떠올랐다.

내가 옳고 그름을 떠나서 마음에 상처를 입은 배우자에게 편을 들어주면서 속상해서 어쩌냐? 위로해주는 것이 남편인데 남의 편만 들다가 이미 다 끝난 일에 또다시 남의 편을 드는 남편이었다. 기본에서 아주 크게 벗어나지 않는 일이라면 가족의 편을 들어주는 것이 맞다. 대화의 기술. 말 한마디가 건네는 위로의 힘! 그건 대단한 게 아니다. 잘 들어주고 함께 공감해주고 적당히 끄덕여주는 것, 그것이 대화인데 기어이 이기는 대화만 하려고 하는 남편이었다. 이보시오. 공감 능력 부족한 남의 편들, 대화는 그렇게 하는 게 아니라오.

순이 할머니

6월 25일이 다가올 때면 순이 할머니가 생각난다. 2015년 요양 보호사 자격증을 따고 일주일간 실습을 나간 요양원은 구석진 시골이었다. 당시 91세이던 할머니는 26세에 남편을 한국전쟁에서 잃은 미망인이라 했었다.

실습 첫날 각자 신을 실내화를 소지하고 오라기에 다이소에서 노란 실내화를 사서 가지고 갔는데 실내화가 없어졌다. 실내화를 잃어버렸다 하니 그곳에 직원들이 할머니 방의 소지품 보관함에서 찾아냈다. 배시시 웃으시며 건네주는데 처음엔 왜 그러는지 이해가 안 됐다. 입소자 대부분이 거동이 불편해서 휠체어를 타지만 할머니는 거동이 자유로운 인지 장애였다.

어쩌다 문이 열려있는 틈이 보이면 밖으로 나가기 일쑤였고 그러자니 신발을 감춰두곤 하는 것이었다. 어린 시절의 정신세계에 머물러있는지라 노란빛의 새 실내화가 할머니의 소녀 감성을 자극한 것이다. 최근 것을 기억하지 못하고 오래전 고명딸로 유복했던 어린 시절과 전쟁 이전, 잠깐의 행복했던 신혼 시절만 기억하고 있었다. 어린 남매를 두고 싸움터에 나간 남편은 끝내 돌아오지 못했고, 전쟁 중에 악덕 지주로 몰려 친정집의 온 가족이 희생당한 아픈 기억이 할머니의 남은 시간을 지배하고 있었다.

실습이 끝나고 몇 년 후 지인이 자신의 고향 집 뒷산으로 두릅을 따러 가자기에 좋아라 따라나섰다. 북산면을 지나는 길에 흐드러진 벚꽃이 분분히 날리면서 꽃비가 내리고 있었다. 그림 같은 경치에 생뚱맞게도 양쪽으로 늘어선 군용트럭과 삽을 쥔 군인들이 여럿 보였다. 무슨 일이냐는 내 질문에 전사자 유해 발굴 중이라는 동승자의 대답에 혹시 그토록 그리워하던 할머니의 남편이 이곳에 있는 건 아닐까? 느닷없이 순이 할머니가 떠올랐다. 무려 70년의 세월이 흐른 지금 유해를 발굴한들 무슨 소용이 있을까? 꽃잎이 휘날리는 아름다운 봄날이었다.

요양원에서는 점심 후에 소화도 시킬 겸 휠체어에 혹은 소파에 빙 둘러 앉혀놓고 오락을 한다. 할머니에게 나와서 인사를 하라 하면 "내 고향은 충북 진천이고 내 이름은 이순이어요." 날마다 시켜도 날마다 똑같이 말하던 할머니를 우리는 까르르 웃으며 즐겼었다. 까맣게 잊고 있던 할머니의 이 말이 갑자기 뇌리를 스치며 지나갔다. 만나는 사람 누구라도 혹시 나를 아시나요? 물으며 남편을 기억할 만한 사람이 있을까? 확인하고 또 확인하면서 자기소개를 하고 있던 거였다. 그때 우리는 그걸 미처 모르고 앵무새 할머니라 부르며 웃고 즐겼던 것이었다.

누구를 위한 전쟁이었을까? 수많은 사람을 지옥으로 몰아넣고 전쟁을 일으킨 몇몇 사람들이 얻은 이득이 무엇인지 묻고 싶다. 역사 이래 전쟁을 일으켜서 득을 본 사람들의 기록은 없다. 세계 제패를 꿈꾸며 제2차 세계대전을 일으킨 일본도 히로시마에 떨어진 원자폭탄으로 폐허가 되면서 암울한 시기를 보냈다. 원폭 피해자들과 그 자손들은 지금도 유전병에 시달리고 있다. 잠시의 승리 후에 남은 것은 전범이라는 역사의 기록과 수많은 사람을 죽인 난징 대학살, 지금까지 해결되지 않는 위안부의 기록뿐이다. 유럽을 지배하고 승승장구하던 히틀러도 불과 몇 년 만에 오랜 연인이었던 에바 브라운과 자살로 생을 마쳤다.

36년 동안 일본군의 지배 아래에 있던 나라가 해방의 기쁨을 누릴 새도 없이 북한은 스탈린과 모종의 거래를 하면서 한국전쟁을 일으켰다. 강대국들의 휘둘림에 이미 반으로 나뉜 나라는 밀고 밀리던 전쟁 끝에 서로 아무런 이득 없이 분단을 맞이했다. 미, 소라는 두 강대국을 배경으로 70년이 흐른 지금까지 세계 유일의 분단

국가로 남았다. 세상에 그 누구도 선택권 없이 태어났다. 아무도 선택하지 않은 전쟁은 불과 몇 사람의 의사로 결정된다. 개인의 운명과 역사가 그들 몇 사람의 생각으로 정해지고 수많은 순이 할머니가 생겨났다.

전쟁은 사람들의 운명을 가장 야만적인 방법으로 짓밟았다. 전쟁 후에는 반쪽짜리 나라를 지배하던 지도자들이 자신의 권력 유지를 위해 가짜 빨갱이를 만들기도 했었다. 형제간에 혹은 부모 자식 간에 서로의 의견이 첨예하게 대립하던 이데올로기로 우리는 서로를 불신하고 증오했었다. 언제 터질지 모르는 휴화산처럼 남아있는 대치 상태가 언제까지 갈지, 어떻게 종결될지 아무도 모른다. 훗날 결정권자가 되는 그 누군가는 지금까지의 역사 기록을 살펴서 가장 좋은 기록으로 가장 위대한 인물로 평가받을 수 있는 결정을 해주길 부탁한다. 전쟁은 승자가 없었다는 교훈을 부디 잊지 마시라.

4부
착한 빚 vs 나쁜 빚

버리고 나서야

유월의 더운 어느 날 비지땀을 흘려가며 뿌려놓은 상추가 일주일 후 새싹이 올라와 손톱만큼의 잎을 내보였다. 묵혀났던 밭에 엄청난 양의 풀을 뽑아내고 나서 퇴비를 뿌려가며 온종일 매달린 노력의 결과였다. 사랑스럽고 예뻤다.

며칠 후 밤새 세찬 장맛비가 쏟아졌다. 다음날 여린 것들이 걱정되어 다시 찾아가니 견디지 못하고 다 떠내려가버렸다. 겨우 몇 포기가 고랑에 위태롭게 붙어 간신히 자리 잡고 남아있었다. 고된 노동으로 얻은 어린 새싹들이 하룻밤 비에 허무하게 쓸려 가버린 잔해를 쳐다보며 헛웃음을 웃었다.

또다시 며칠 후 섬심 손님이 없는 일요일을 틈타 새벽 6시에 다시 밭으로 향했다.

상추씨를 다시 뿌려주고 나서 어리디어린 상추들을 모종삽으로 떠다가 쏟아지는 비를 맞아가며 두 고랑을 정성껏 다시 심었다. 치커리도 두 고랑을 옮겨 심었다. 스무 고랑에서 겨우 네 고랑을 건졌다. 때맞춰 내리는 보슬비가 고마웠다.

비가 오는 날 모종을 하니 분명 잘 자랄 것이다. 스스로 위안하며 일을 마치고 흙투성이의 몰골로 밭작물들을 챙겨 돌아오니 배도 고프고 지친다.

그리고 며칠 후 다시 찾아간 밭에선 며칠째 계속된 불볕더위에 어린잎은 다 물러 없어지고 흔적만 남아있었다. 이럴 수가! 허탈했다. 대단한 농사도 아니고 기껏 상추 농사였는데 이렇게 힘이 들다니 지금까지 농작물을 사 먹으면서 단 한 번도 땀 흘린 사람의 노고를 생각해본 적은 없었다. 그저 비싸니 싸니 좋니 안 좋니, 불평만 했었다.

사람이 거주하는 곳이 아닌지라 하늘에서 뿌려주어야만 물을 줄 수 있는 사정이니 때론 안타까웠고 그악스럽기만 한 풀들의 도전에 힘이 들었다. 숱한 땀과 아까운 시간을 버리고서야 얻어낸 깨달음은 세상사 모든 것이 자연의 이치에 따라 순리대로 흘러간다는 것이었다. 두 번의 실패 끝에 얻은 값진 교훈이다. 버리고 나서야 비로소 깨닫다니 참으로 어리석도다. 버리고 또 버리면서 농심을 알아가는 중이다.

거창하게 농사를 짓겠다는 것이 아니고 그저 내가 운영하는 고깃집에 직접 가꾼 상추와 몇 가지 쌈 채소를 내어주려 했던 것뿐인데 그게 말처럼 쉽지 않았다. 땀 흘려 가꾸고 버리면서 농심을 알았으니 그것으로 되었다. 포기해야 할까? 아니면 삼세번의 도전으로 한 번 더 시도해볼까? 하늘을 한번 올려다보았다. 때맞춰 비가 내려야 하고 어린잎이 불볕더위에 시달려도 안 된다. 비닐하우스에서 온도 조절을 해줄 수도 없는 노지 생산은 시기가 맞지 않았다. 농사용 쟁기들을 주섬주섬 하우스에 던져 넣고 나서 나는 패잔병의 심정이 되어 집으로 돌아왔다.

지금은 하늘만 쳐다보는 농사의 시대가 아니다. 기계화된 영농시설로 시설 재배를 한다. 오래전 자연에만 의지한 농사를 지을 때 사람들이 얼마나 많은 노동에 시달렸을지 짐작이 갔다. 지금은 재배 방법이나 시설 등 모든 것이 개선되어서 한층 수월해졌다고 말하지만 그래도 농산물은 노동집약적인 상품이다. 먹을 때마다 수고한 분들의 땀을 감사히 생각해야 할 것이다. 버리고 나서야 얻은 귀중한 가르침이다.

귀신고래

 뉴스를 보다가 오소소 소름이 돋았다. 어쩌면 저 내용은 가짜일지 모른다는 생각이 들면서도 화면에서 눈을 뗄 수가 없었다. 남편을 보트에 태워놓고 괴롭히며 희롱하는 일행을 지켜보는 아내는 무슨 심정이었을까? "복어 피를 이만큼 먹였는데 왜 안 죽지?"라는 문자의 내용은 기가 막히다 못해 악랄하다. 아이의 아버지를 토막 내어 바다의 어딘가에 던져버려 시신조차 찾지 못하게 만든 희대의 악녀도 떠올랐다.

 어떻게 그런 생각을 할 수 있는지? 그처럼 잔인한 행동을 실천에 옮기고 난 후 스스로 어떤 마음이 들었는지? 자신에게 남은 시간은 어떻게 살아가려고 했는지?

 그것이 알고 싶다.

 누구를 믿고 어떻게 가족을 구성하고 살아야 하는 건지? 드러나지 않는 인간의 잔인함을 어떻게 알아낼 수 있는지? 궁금했다. 내가 혹은 우리 아이가 살면서 그런 사람을 선별해서 피해 갈 수 있을까? 참으로 막막한 심정이 들었다. 혈육으로 맺어진 가족은 기본적인 사랑이 바탕에 깔려있지만, 부부관계는 기본점수가 없는 관계이다. 촌수가 없는 무촌인 부부는 세상에서 가장 밀착적인 관계일 수도 있고 돌아서면 남이 될 수도 있다. 평생을 살다 보면 많은 사람을 만나고 헤어진다. 숱한 인연으로 만나고 헤어지지만 아무 감정 없이 헤어지기도 하고 미움이나 원망으로 앙금을 남기기도 한다.

전자는 나의 생활에 아무런 영향이 없지만, 후자는 내 삶에 막대한 영향을 미치기도 한다. 헤어지고 나서 내 삶에 가장 영향을 많이 미치는 건 당연히 부부관계일 것이다. 어느 연구 결과에서는 사람이 느끼는 스트레스 중 가장 높은 1위가 배우자의 사망이라는 발표도 있었다. 나는 그 말에 잠시 어리둥절했었다. 자식의 사망보다 앞선다는 연구 발표에 동의할 순 없지만 그만큼 영향을 미친다는 뜻이리라.

촌수도 없으면서 남도 되고 나도 되는 희한한 관계, 나와는 남이지만 내 아이와는 1촌인 관계, 복잡한 촌수만큼 저마다의 입장도 복잡하다.

나 역시 살점을 도려내듯 참고 또 참으면서 여기까지 왔다. 남편을 죽이고 싶도록 미워한 적도 많았다. 억울하고 분해서 온몸의 피가 빠져나가는 듯한 고통으로 세상을 버리려고 마지막 선택을 시도한 적도 있었다. 그런 고통의 시간이 쌓이고 쌓여 나를 더 단단하고 참을성 있게 만들었다. 아무런 노력도 아무런 고통도 없는 삶이 어디 있으랴! 모두 저마다의 아픔과 고통을 지그시 누르면서 스스로 타협하고 양보하며 살아간다. 신체가 성장하기 위해 성장통을 겪듯 마음이 성장하기 위해 아픔도 겪는다. 억울해서 죽을 것 같았던 시간도 지나고 나서 상처의 자리를 돌아보면 어느새 군살이 돋아나 있었다.

'귀신고래'라는 이름도 무시무시한 고래가 있다. 이름은 무섭지만 마음은 아름다운 고래이다. 암놈이나 수놈이 잡히면 절대 그 자리를 떠나지 않고 울고 있다가 끝내 함께 잡힌다는 의리의 고래이다. 혼자라도 살아남기 위해서는 달아나야 하겠지만 함께 가겠다는 생각으로 끝까지 남아있는 고래의 처신은 감동이었다.

"세계의 고래 이름에서 우리 학명이 붙은 고래는 귀신고래를 뜻하는 'Korean Gray whale'뿐이다. 일부일처제로 금실이 좋아 암놈이 죽으면 수놈이 곁을 지키다가 마침내 같이 잡혀 죽음을 맞는다. 새끼가 먼저 작살을 맞으면 부모 고래가 새끼 곁을 빙빙 돌다가 또한 같이 잡힌다. 천연기념물 제126호로 지정되었다. 경상북도 포항시를 중심으로 북쪽으로는 흥해읍 용덕곶, 남쪽으로는 호미곶면의 장기곶 사이에 있는 만, 행정구역상 포항시 중심지와 흥해읍, 동해면, 호미곶면에 둘러싸여있다.

"귀신고래: 쇠고래라고도 함. 한국에서는 울산 부근 동해안을 중심으로 한 인근 회유 해면을 천연기념물 제126호로 지정되어 무분별한 포획을 금지하고 있음."이라는 설명이 나와있었다.

부부란 어떤 존재인가, 가족이란 무엇인가를 사람들에게 행동으로 깨우쳐주고 있었다. 인간이 글로 배우는 일심동체를 행동으로 실천하는 귀신고래는 비록 동물이지만 그 행동만큼은 사람보다 더 나은 성품이 틀림없을 것이다. 사람보다 더 사람 같고 사람보다 더 의리 있는 귀신고래가 생각나는 날이었다.

다른 사람의 목숨을 자신의 이익을 위해 함부로 결정하려는 인간은 세상에서 가장 무능하고 어리석은 인간이다. 영장류 중 가장 우월한 유전자를 가졌고 가장 뛰어난 두뇌를 탑재한 인간이라면 당연히 고래보다 더 의리 있고 고래보다 더 어진 성품이어야 한다. 상대의 목숨을 내가 결정하겠다는 삐뚤어진 판단은 언젠가는 추악한 진실이 드러나고 반드시 대가를 치른다. 사람이라면 최소한 고래보다는 옳게 판단해야 한다. 내 삶도, 남의 삶도 함부로 결정권을 가지려 하지 말아야 한다. 사람의 마지막 순간은 우리를 이 세상에 보낸 절대자인 신만의 권능이자 신성불가침의 영역이다. 그 누구도 함부로 그 영역을 침범하거나 훼손하려 한다면 그 오판의 대가는 반드시 참혹하게 치를 것이다. 이런 뉴스가 더는 없기를 따듯하고 밝은 뉴스가 맑은 목소리로 전해지기를 빌어본다.

보조는 없다

아주 많은 사람과 즐겁게 웃고 떠들며 어딘가를 열심히 가고 있었다. 몸을 뒤척이는 순간 팔이 무겁게 느껴지며 통증이 시작됐다. 통으로 깁스한 지 13일째 무거운 팔이 천근만근이다. 자다 깨니 더는 잠이 안 와 천천히 그날의 사고를 다시 되짚어보았다. 어디서부터 잘못됐을까? 슬리퍼를 신고 작업을 한 게 잘못되어 발이 미끄러진 건지 스트레스와 피로가 누적되어 발을 헛디딘 건지 곰곰이 생각하니 이 모두가 복합적으로 작용한 것 같았다.

그즈음 어머니가 사시던 낡은 집을 수리하면서 힘에 부치도록 과로했있나. 사고가 나던 날도 몸이 천근만근으로 무거워 쉬고 싶었지만, 인부 두 분을 예약해놓아 다른 날보다 더 일찍 움직였다. 자갈 두 대분을 마당에 펴주고 인부들이 돌아간 뒤 석축으로 쌓은 뒷담 돌 사이를 오르내리면서 장화로 갈아신을까? 잠깐 생각했었지만 괜찮겠지라는 안일한 생각에 슬리퍼를 신고 오르내렸다. 길보다 낮은 집터 뒤꼍의 바윗돌에 얹힌 자갈을 쓸어내리려 빗

자루를 찾기 위해 뒤를 돌아보는 순간 2m의 높이에서 굴러떨어졌다. 우리 집과 12km가 떨어진 산 밑의 외딴집이었다. 겨우 정신을 차리고 일어나 한 손으로 운전해서 내려와 남동생을 불러 근처 병원으로 갔다. 부러진 손목을 맞추고 부목을 대주더니 빨리 대학병원으로 가서 수술하라 했다. 수술을 안 하면 영원히 왼손을 쓸 수 없다기에 부랴부랴 대학병원을 찾아가 수술했다.

수술 후 5일 만에 퇴원하고 통증은 나아졌지만 일상생활이 문제였다. 한 번도 경험해보지 못한 장애인의 생활은 나 자신도 문제지만 가족들까지 힘들고 불편하게 만들었다. 샤워할 때면 누군가의 도움이 필요했고 내 손으로 만들어내는 삼시세끼에 평생을 의지하며 살던 가족들은 우왕좌왕 정신이 없었다. 이틀에 한 번 반깁스를 풀고 소독을 할 때면 길게 나있는 수술 자국과 함께 약간 틀어진 채 부어있는 팔목이 내 팔이라고 믿기 어려웠다. 수술 전 의사는 워낙 심하게 부서져서 팔에 장애가 남을 수도 있고 평생 통증에 시달릴 수도 있다고 설명했었다.

드디어 보름 만에 수술 부위 실밥을 풀던 날 기대가 컸었다. 반깁스만 제거하면 좀 더 움직이기 편할 것 같아 잔뜩 기대하고 병원을 방문했건만 실밥을 풀자마자 위험하다며 아예 통으로 깁스를 해버렸다. 조각을 맞추고 핀을 박아 고정하면서 시멘트 시술을 했는데 자칫 무너지면 복구가 안 된다고 했다. 다친 부위가 손목 양 끝이라 고정된 뼈가 아닌 가동 범위가 넓은 곳이었다. 뼈가 아직 붙지 않아 꼭 필요한 시술이라고 하니 어떻게든 잘 고쳐서 사용에 불편이 없게 복구해야만 했다.

처음 며칠은 아픈 사람, 가족이란 끈끈함으로 협조하던 남편도 어느 날 반찬 투정을 하더니 또 어느 날은 씻겨주면서 투덜댔다. 가족의 불편을 잘 알면서도 때때로 서운함이 밀려왔다. 왼손으로 씻어내야 하는 오른팔은 도저히 스스로는 어떻게 해볼 도리가 없었다. 더워지는 날씨에다 외출하고 돌아오면 땀과 먼지를 혼자 씻어낼 수 없어 막막했다. 통증은 어지간해져서 참겠는데 씻는 건 참아서 될 일이 아니었다. 저녁마다 누군가에게 씻겨달라고 도움을 구걸하는 처지가 되었다.

어느 날 저녁 집으로 돌아오는 길에 마트에 들러 고기를 사 왔다. 양념육을 만들기 위해 고춧가루통을 냉장고에서 꺼내 엎드려서 양발에 끼고 돌려서 열었다. 들고 일어서려는 순간 손에서 미끄러진 고춧가루통이 싱크대 모서리를 맞고 튕겨 나가더니 싱크대 전체를 뒤집어씌우고 주방 바닥까지 고춧가루 범벅을 만들었다. 주방에서 혼자 펼친 전위예술 고춧가루 쇼였다. 빨간 고춧가루를 뒤집어쓴 채 널브러진 주방은 엉망이 되었고 서랍 속과 문짝 사이에 촘촘히 파고들어있어 어디서부터 손을 대야 할지 막막했다. 나는 정신이 나간 듯한 표정으로 마치 박제라도 된 듯 바닥에 퍼질러 앉아있었다.

한참 후 서러움과 함께 왈칵 터져버린 눈물이 쉴 새 없이 흘러내리고 한 손으로 고춧가루 제게 작업에 돌입했지만 속도가 나지 않았다. 싱크대 틈 사이사이로 빈틈없이 골고루 뿌려진 고춧가루는 평소에 잘 사용하지 않던 물티슈를 두 팩이나 없애고서야 겨우 모습을 찾았다. 그러고 나자 뭘 해야겠다는 생각보다 먼저 생각이 든 건 영구히 한 팔만으로 살아가야 할 장애인들의 안타까움이었다. 오른손을 보조하는 왼손이라 생각한 그 보조가 이렇게 중요할 줄이야, 왼손은 그저 오른손을 거들 뿐이라고 생각하며 그의 중요성을 미처 몰랐었다. 다쳐서 사용할 수 없고 보니 신체의 모든 부분, 손가락 한 마디조차 중요하지 않은 것은 아무것도 없었다.

살면서 나는 한 번도 주인공인 적이 없었다. 어려서는 1남 4녀의 가족 구성원에서 첫째도 아니고 어중간하게 중간에 낀 셋째였다.

오직 아들만이 자식이라 여기는 어머니가 딸들을 앉혀놓고 아들을 손짓하며 "너희들은 야 들러리여."라며 거리낌조차 없이 말하면 그저 그런가 보다 했었다.

어른이 되어서는 '여자는~'이라는 말에 토를 달지 못했었고, 사회에서는 학벌이 없는 나는 고학력자들의 들러리로 사는 것을 너무도 당연하게 받아들였었다. 생각해보니 나는 늘 스스로 보조라고 생각하며 살아왔었다. 그런데 보조라고 중요도가 떨어진다고 생각했던 왼팔이 오른팔과 똑같은 팔이었고 똑같은 일을 하고 있었다. 신체가 불편한 적이 한 번도 없었으니 지금까지 그 모든 것이 당연한 줄 알았었고 깊이 생각해본 적이 없었다. 갑작스레 닥친 신체장애를 겪으면서 많은 생각이 스치고 지나갔다. 현재 나의 장애는 아주 약한 한쪽 팔 장애지만 나의 생활에 미치는 영향은 지대했다. 누군가의 도움 없이 해결이 안 되는 일들이 너무 많고 그때마다 느끼는 상실감은 지금처럼 마음을 울적하게 만들었다. 불편한 하루가 느리게 마감하는 거실 창으로 석양이 깔리는 것을 바라보면서 한참을 그렇게 앉아있었다.

한 치의 오차 없이 정교하게 세팅되어 신체의 모든 부분을 원활히 작동시키는 걸 모르고 보조라고 함부로 판단하였던 왼팔이 마치 나처럼 느껴졌다. 사람도 신체도 그 사람이 맡은 어떤 역할도 보조는 없었다. 깁스를 풀고 재활하면 다시 쓸 수 있다고 하니 나는 얼마나 행복한 사람인가? 평생을 그런 불편을 안고 살아가야 하는 사람들은 얼마나 힘이 들고 어려울까? 뜻밖의 장애를 체험하면서 마음속 장애까지 들여다보았다. 누군가의 도움이 절실해지고 보니 장애인들의 고통과 아픔을 깊이 생각하게 되었고 신체의 중요도나 삶의 쓰임새에 그 무엇도 보조는 없다는 걸 알았다. 사고를 겪으면서 보조였던 나의 삶 전체를 다시 돌아보고 재조명하면서 많은 것을 깨달았다.

이제 보조의 가치관을 버리고 스스로 당당하게 주인공인 삶으로 다시 태어나 살아야겠다.

문학의 바다

강릉은 바다를 품고 있다. 해변을 따라 걸으면 비릿한 바다 내음에 실린 해풍이 귓바퀴를 간질이고 바다가 담뿍 담긴 소라 껍데기가 내는 소리가 쏴, 쏴아아 귀에 들린다. 바다는 마치 태초 어머니의 자궁 속 같다. 풍부한 먹이로 생명을 잉태하고 품어주는 어머니 같은 바다, 탯줄로 연결된 듯한 바다가 철썩대며 끝없는 수다를 풀어낸다. 같은 듯 조금씩 다른 운율로 말을 걸어오지만 때로는 청량한 음악으로, 때로는 소음으로 내 마음을 읽어낸다.

"내 마음은 호수요. 그대 노 저어오오." 오늘의 첫 번째 방문지는 김동명 문학관이다. 강원수필 문학회에서 기획한 문학 답사 여행 일정으로 김동명 시인의 문학관을 찾아갔다. 계절이 불러온 가을하늘은 그지없이 맑게 빛나고 구름을 타고 놀던 하늘은 문학관 지붕에 걸려 액자를 만들었다. 문학관을 안내하던 시인은 김동명 시인의 생전 기록과 남겨진 업적을 소상하게 나열하며 자세한 설명을 곁들였다. 함께 간 회장님은 학창 시절 좋아하던 「파초」를 출발하는 차 안에서도 읊으셨는데 그곳에 심어진 파초를 보고 무척 좋아하셨다. 위대한 시인은 떠나고 없지만 글로 남은 시인께 작별을 드리고 그곳을 떠나왔다.

다음으로 찾아간 곳은 허난설헌의 생가였다. 동생인 허균은 『홍길동전』을 지은 저자로 알려졌지만, 난설헌은 시대적인 배경이 여자를 대우하지 않는 조선 시대여서 상대적으로 덜 알려진 시인이다. 공자가 만든 유교 사상을 숭배하는 시대여서 신분제도가 엄격하고 남녀유별을 강조하던 시대였다. 남편이 기거하는 사랑채의 섬돌이 밤새도록 비어있어도 차마 따지지도 못하는 여자라는 신분, 남편보다 똑똑해도 안 되고 남편보다 잘나도 안 되는 난설헌은 그런 조선의 여자였다.

두 남매를 잃고 자신의 운명을 예언하듯 한 「몽유광상산」이란 시를 짓고 시처럼 스물일곱에 세상을 떠났다. 여자로 태어난 것, 조선에서 태어난 것, 김성립의 아내였다는 것, 이 세 가지를 가장 애석해했다는 조선의 천재 시인은 죽으면서 동생에게 자신의 시를 모두 태우라 부탁하였다. 방 한 칸 분량의 시를 모두 태웠다지만 친정에 놓고 간 시와 자신이 암송하던 것을 모아 동생 허균이 시문으로 발간하였다. 글은 다시 살아나 중국과 일본에서 베스트셀

러가 되었다. 똑똑한 며느리를 싫어하는 시어머니, 밤이면 사랑채를 비우는 남편, 엄마 곁을 떠난 어린 두 남매, 폭풍처럼 밀려오는 일련의 비극들은 시인이 짧은 생을 살다 가도록 만들었다. 지독한 아픔은 시인을 병들게 했지만, 그 지독함이 시를 만들었다. 삶은 얼마나 모순인가?

  난설헌의 생가를 돌아보고 아픔을 치유하러 간 곳은 강문해변이었다. 함께 간 일행들과 나란히 모래밭에 앉아 맨발을 드러내고 바다를 바라보며 멍때리는 시간이었다. 바다는 여전히 같은 운율로 아름다운 포말을 그리고 있었다. 세상의 모든 말과 사연을 쏟아내도 될 어머니 같은 바다, 오래전 어머니의 뱃속이 이랬을까? 끝없이 출렁대면서 탯줄을 품고 있는 망망대해를 바라보다 적당한 염도로 스스로 살균하는 바다의 신비한 힘을 느껴보려 파도 기끼이 가서 물맛을 보았다. 여전히 간이 딱 맞다. 넘치지도 모자라지도 않는 딱 그 맛, 어머니의 맛이다.

  해변을 떠나 하슬라 뒷동산에 올랐다. 함께 간 일행들과 산 정상에 앉아서 내려다본 경치는 자연 그대로의 예술품이었다. 하늘과 땅이 만나 어우러지고 하늘 저 끝에 바다가 걸려있었다. 끝없이 이어진 바다 그 끝을 알 수 없는 망망대해와 하늘이 만나는 그 아래 앉아있으니 바로 그곳이 천국이고 작품이었다.

  강릉을 떠나오면서 곰곰이 생각해보았다. 난설헌이나 사임당 같은 분들이 글을 쓰고 문학을 할 수 있었던 건 바다 때문일지도 모른다. 바다를 보며 숱한 상상을 하고 파도에 묵은 마음을 씻어내고 나면 다시 쓸 힘을 얻는 문학의 바다였을 것이다. 모래 위에 낙서는 퇴고가 가능한 원고지였는지 모른다. 어린아이들이 모래집을 짓듯이 연인들이 모래 위에 썼다 지우는 사랑 고백처럼 바다를 보면서 떠오르는 시상을 모래 위에 적고 지우면서 시를 썼는지도 모르겠다. 사백 년 전의 여성 시인처럼 나도 다음에 다시 강릉을 가면 바닷가에서 문학의 꽃을 피워보리라. 아무런 준비 없이 그저 손가락 하나면 족한 바닷가의 시, 꼭 한번 써보아야겠다.

착한 빚 vs 나쁜 빚

 2023년 6월, 결혼을 앞둔 딸이 3년 동안 맞벌이를 해서 내 집을 장만하겠다며 혼인신고와 출산을 미루겠다고 말했다. 왜냐는 내 질문에 각자 청약해야 당첨률을 높일 수 있다고 설명하기에 고개를 끄덕여주었다.

 자신의 미래 계획을 당차게 설명하기에 "그럼 3년 후에는 아이를 낳는 거냐?" 물었다. 요즘은 아예 출산을 기피하는 젊은이들이 많아서 딸의 생각이 궁금했다. 내 질문에 빙긋 웃던 딸이 "아이 하나 키우는 데 대학까지 2억도 더 든다는데 어휴!" 하며 한숨을 쉬더니 "환경도 너무 안 좋아, 대기오염이 이렇게 심해서 마음 놓고 애를 키우겠어요?" 하며 나를 쳐다보았다. 마주 앉은 사위는 빙그레 웃으며 "그렇긴 한데…"라며 말을 흐렸다. "야 너도 그만큼 들어갔을 거잖아? 안 낳으려면 내가 너 낳아서 키운 돈을 도로 내놔?" 하니 그런 게 어디 있냐 한다. "여기 있지. 네가 한번 생각해봐라. 증조할머니가 할머니를 키우고 할머니가 엄마를 키우고 엄마가 너를 키우는 걸로 부채를 갚고 있었는데 네가 자식을 안 낳으면

갚을 데가 없으니 나에게 갚아야지." 하니 말도 안 되는 억지라며 웃었다. 실없는 농담으로 계면쩍게 웃으면서도 마음이 편치만은 않았다. 딸이 결혼해서 들어가는 신혼집은 전용 10평이 조금 넘는 좁은 집이었으니 더는 반박할 여지가 없었다.

결혼식이 지난 두어 달 후의 어느 날 전화를 한 딸이 사위가 인도네시아 근무를 자처해서 두 주 후에 출국 예정이라고 알려왔다. 연봉이 여기의 두 배이니 내 집 마련을 위해 그렇게 하기로 했다는 설명이었다. 결혼한 지 겨우 두 달밖에 안 되어서 그런 선택을 했다는 것이 마음이 짠했지만 내게는 결정권이 없었다. 다시 며칠 후 전화가 왔길래 "출국 날짜가 정해진 건가?" 하며 받았더니 "엄마, 윤서방 외국 못 가요. 나 임신했어!" 한다. 그 소리를 듣는 순간 웃음이 빵 터지면서 "네가 아무리 3개년 계획을 세운들 인생사 계획대로 안 된단다." 하며 호탕하게 웃었다. 아비의 항공권을 반납하게 한 손녀는 무럭무럭 자라 어느덧 돌이 되었고 온갖 재롱을 피우며 주변 사람을 행복하게 한다.

얼마 전 신생아 특례로 LH 국민 임대주택에 당첨되어 이사할 계획을 세우던 딸이 걱정되어 비용은 마련이 되었냐? 물으니 전세

자금 대출을 신청해두었다며 걱정하지 말라 당부한다. 대출 이자는 얼마나 되냐? 갑자기 이자와 관리비에 늘어난 지출이 부담되지는 않겠느냐? 이런저런 대화를 이어가던 중 딸이 하는 말이 나도 이젠 한 가정의 경제를 책임지고 있잖아요. 잘 운용해서 살아야지 하더니 "엄마 예전에 엄마가 빚에도 착한 빚이 있고 나쁜 빚이 있다고 나에게 말해준 거 기억나요?" 묻는다. 내가 그런 말을 했었나? 기억을 더듬는데 "왜 예전에 박근혜 정부에서 빚 갚아준다고 할 때 우리 집도 빚이 있냐고 물으니 엄마가 있다고 하면서 대출받아서 식당하고 있는데 엄마는 벌어서 은행이자 꼬박꼬박 내면서 돈도 벌고 있으니 착한 빚이라고 설명했잖아." 한다. 이어서 "그때는 내가 어려서 착한 빚 나쁜 빚이 뭔지 잘 몰랐는데 이젠 알 것 같아요. 그래서 나도 착한 빚지는 거야." 하며 웃더니 "어릴 땐 사람들이 왜 전세를 주고 전세를 들어가지? 아무리 생각해도 이해가 안 됐어요. 월세는 매달 돈을 받지만 전세는 1억 받으면 1억 그대로 내어줄 거면서 왜 전세를 들어가고 전세를 놓는 건가 했는데 이젠 모두 이해돼요." 하며 웃었다.

딸과의 통화를 끝내고 10년도 더 지난 그날의 기억이 몽실몽실 떠올랐다. 바람이 연둣빛 치맛자락을 끌며 산등성이를 넘고 여기저기 꽃몽우리가 피어나던 아름다운 어느 봄날이었다. 이제 막 대학 생활을 시작한 새내기 신입생인 딸은 학교에 가려고 꽃단장 중이었고 나는 아침상을 물린 후 TV 뉴스를 보고 있었다. 박근혜 정부의 공약사업인 국민행복기금 신청 첫날의 장면이 현장 생중계로 방송되고 있었다. 취재 중인 아나운서의 목소리와 한꺼번에 몰린 사람들의 아우성이 전파를 타고 흘러나왔다. 못마땅한 표정으로 혀를 차며 보고 있는데 어느결에 곁에 와있던 딸이 "엄마 우리 집도 빚 있어요?" 묻기에 있다고 했더니 "그런데 왜 엄마는 신청 안 했어? 빨리 가서 해요." 하길래 "6개월 이상 이자를 연체해서 악성 채무자가 된 사람들만 구제하는 제도란다. 엄마는 벌어서 꼬박꼬박 이자를 내서 해당이 안 돼."라고 말하자 "아깝다."라며 입맛을 다셨다. 학교에 데려다주려고 딸을 태우고 출발했는데 사거리를 지나던 아이가 수심이 가득한 얼굴로 머뭇거리더니 "엄마 우리 집에 빚 많아요? 얼마나 돼요?" 물었다. 어린 마음에 집에 빚이 있다니 무척 걱정되고 놀란 것 같았다. 웃으면서 "내 돈이 부족할 때 대출을 받아 가게를 운영하거나 사업을 하면서 이윤도 남기고 고용을 창출하면서 이자도 갚고 나도 소득을 올리면 이건 착한 빚이야. 반대로 갚을 능력도 없으면서 자기 분수에 맞지 않는 고가의 소비재를 구매하거나 사치와 향락으로 빚을 낸다면 그건 나쁜 빚이지 엄마의 빚은 착한 빚이니까 따님은 걱정하지 말고 공부나 하세요." 라며 현실경제를 가르쳐주던 날이 있었다.

  그걸 딸이 기억하고 있었다니 기특하고 대견했다. 부모의 역할이 이렇게나 중한 일이었구나? 학교에서 배우지 못하는 삶의 경험을 내 나름의 방식으로 가르쳐주려고 설명하고 이야기한 것을 딸은 고스란히 기억해서 실천하며 살고 있었다. 교육이란 이래서 중요한 것이구나! 자녀의 인격 형성과 정서에 양육자의 영향력은 실로 엄청난 것이란 걸 새삼 실감했다. 부모의 영향력 아래에서 부모의 삶을 배우는 자녀가 있다는 것을 알면서도 나는 제대로 실천하지 못한 것이 아주 많았다. 먼저 경험한 사람의 한마디가 이렇게 많은 시간이 흐른 후에도 어떤 식으로든 작용할 수 있다는 것을 다시 한번 깨달았다.

  살아가다 보면 누군가의 말 한마디가 두고두고 잊히지 않는 비수로 남아 내 정서를 뒤흔들기도 하고 또 누군가의 한마디는 떠올릴 때마다 힘이 되기도 한다. 지금의 좁은 집에서는 손녀가 보행기를 밀고 다닐 공간조차 없다. 착한 빚을 디딤돌로 조금 더 넓은 집으로 그곳에서 또 조금 더 넓은 내 집을 장만할 딸의 미래를 그려보면서 빙그레 웃어보는 아침이었다.

천연기념물 417호

모든 것이 좋았다. 하늘도 맑고 바람은 적당했다. 나는 오십 년 전의 친구를 만나러 태백으로 가는 길이었다. 몇 달에 한 번 혹은 일 년에 한 번 연락해도 서로 늘 그 자리에 있는 친구, 마음으로 위로가 되는 친구이다.

어릴 적 우리가 살았던 고장을 추억으로 더듬으며 함께 여행하자 약속하고 만나러 가는 길에 스치는 모든 것들은 아름답고 상쾌했다.

태백에 도착해서 친구를 만나고 낙동강의 삼백 리 길이 시작된 황지연못을 들러서 귀네미마을로 향했다. 해발 900m가 넘는 산 전체가 배추밭인 그곳에는 무려 57ha에 달하는 배추밭이 산 정상의 8부 능선까지 자리해있고 정상에는 풍력을 이용한 바람개비가 돌고 있는 멋진 곳이다. 마음이 부풀어 오르기 시작했다.

8월 중순부터 9월 초에 출하를 시작한 배추들은 이미 그 자리를 떠나고 상품 가치가 떨어져 뽑혀 가지 못한 배추들이 곳곳에 덩그러니 남아있지만, 그 풍경은 가히 일품이었다. 품어 안고 있던 작물들을 모두 내어준 채 묵묵히 빈자리를 지키며 내년을 기약하는 땅들이 산 정상을 향해 나붓이 엎디어있었다. 사람들의 수고와 땀이 신들에게 조공으로 바쳐지고 빛과 바람과 햇살이 길러서 내어준 고랭지의 배추는 누군가의 식탁에 올라 고단한 하루를 맛나게 위로할 것이다.

88올림픽이 열리던 해 삼척시 하장면에 광동댐이 만들어질 때 수몰지구에 살던 36가구가 집단 이주하면서 만들어진 곳이 이곳 귀네미마을이다. 내려오다가 버려진 배추들이 자꾸 눈에 밟혔다. 어느 지점에서 차를 세우고 트렁크를 열었다. 친구와 눈이 마주치자 단번에 알아차린 친구가 웃으면서 주워 가자며 거든다. 아깝고 귀한 것들이 버려졌으니 내가 가져가서 맛있는 김치를 담아 먹으며 기억해야겠다. 내일 일정이 남아있어서 걱정은 되지만 열심히 담아 모았다. 아줌마 근성으로 트렁크 가득 배추를 싣고 그곳을 내려왔다.

다시 한참을 돌아 매봉산 바람의 언덕을 오르기 시작하는데 안개가 가득 끼어있어서 한 치 앞도 내다보기가 힘이 들었다. 중간쯤 가다 보니 부부인 듯 보이는 일행 4명이 차를 멈추어놓고 내려서 설왕설래하고 있었다. 아마도 안개가 너무 심하니 갈까 말까 망설이는 것 같았다. 평지도 아니고 험준한 산길이다 보니 걱정되어

결단을 못 하는 것이다. 그 앞을 지나쳐 오르면서 나도 속으로 잠시 망설였었다. 조심조심 정상에 도착해서 차를 세우고 내리는데 친구가 "나 사실은 좀 무서웠어." 하길래 나도 그랬다며 웃는데 아까의 그 일행들이 따라왔다. 아마도 여자 둘이서도 가는데 우리가 왜 못 가느냐? 용기를 냈으리라. 나의 행동이 누군가에게 용기를 준 것이다. 아무리 둘러보아도 안개가 낀 탓에 아무것도 보이지 않았다. 실망하려던 그 순간 안개가 걷히더니 산 아래 전체가 보이는 놀라운 일이 벌어졌다. 우리 모두의 입에서 약속이나 한 듯 함성이 터져 나왔다. 저 멀리 아까 보았던 귀네미마을 배추밭까지 모두 보였다. 배추밭과 함께 어우러진 풍력발전단지는 정상에 오른 사람만 느낄 수 있는 희열을 안겨주었다. 마음속에 있던 모든 근심과 불안까지 단숨에 거두어 가고 밝은 기운만이 내 안에 차오르는 듯한 희열에 마음이 풍선처럼 떠올랐다.

   이곳 매봉산은 귀네미마을보다 먼저인 1960년대에 조성된 고랭지 채소밭이다. 박정희 정권 때 거지왕 김춘삼과 그의 수하들이 이곳에 들어와 산을 개간해서 만들었다고 한다. 척박한 산을 개간한 그들도 이렇게 멋진 경치가 탄생 될 줄은 미처 몰랐을 것이다. 그저 먹고살아야 한다는 절박감으로 개간한 곳이, 이제는 천혜의 관광지가 되어 사람들의 발길을 불러 모은다. 1960년대에 부족한 장비로 무려 132만㎡의 땅을 개간한 그들의 인간 승리에 박수를 보낸다.

매봉산을 내려와서 5억 년 고생대의 신비를 그대로 간직하고 있는 동점의 구문소로 향했다. 황지에서 시작된 물이 동점동에 이르면서 석회암 산지를 뚫고 나가 석문과 소를 만든 특수한 지형이다. 『세종실록지리지』와 '대동여지도'에 천천(穿川)이라 기록되어있는 이곳은 천연기념물 417호로 지정되어있다. 고생대의 화석과 퇴적암의 흔적을 간직한 채 신비롭게 뚫려있는 구멍은 그 주변에 마당소, 자개문, 용소, 삼형제폭포, 여울목, 통소, 닭벼슬바위, 용천 등으로 불리는 '구문 팔경'을 주변에 흩어놓아 운치를 한층 더 멋지게 꾸며놓았다. 바로 옆 도로에 산으로 막혀있는 바위를 뚫어 만들어놓은 통행로는 일제가 자원의 수탈을 위해 인위적으로 뚫은 구멍이다. 철암, 장성, 황지가 세모형 지형이니 돌아서 가지 않고 직선거리로 물자를 실어 가기 위해 뚫은 것이다. 그 먼 첩첩 산중마을에 빼앗아 갈 그 무엇을 찾아내 오로지 착취에만 혈안이 되어 이 땅에 모든 것들을 샅샅이 거둬간 흔적이다. 장성에서 철암을 오갈 때는 반드시 그 굴을 통과해서 지나가야 하는데 내가 탄 버스가 그곳을 지날 때면 어린 마음에 혹시 버스가 동굴에 부딪히면 어쩌지? 하는 마음에 약간은 무서웠지만, 아래를 내려다보며 멋진 풍경을 감상하곤 했었다. 우리나라에서 유일하게 석회암을 관통하는 강, 구문소이다.

여행 첫날의 일정을 마치고 현지에 살고 있지만 발목 부상으로 함께하지 못한 친구를 만나러 갔다. 아직도 약간 절룩대는 친구는 환하게 웃으며 우리를 반겼다. 함께 저녁을 먹기 위해 횟집으로 향했다. 셋이 만난 것이 5년 만이니 반가움에 웃고 떠들며 서로의 안부를 묻느라 시간 가는 줄을 몰랐다. 식당을 나서면서 서로 자기가 계산해야 한다고 싸우는 모습을 지켜보며 나는 자꾸 웃음이 나왔다. 열 살 때 함께 놀며 티격태격하던 친구들이 육십이 된 지금도 서로 자기가 먼저 해야 한다며 티격태격하는 모습을 지켜보며 나는 열 살이던 그때로 되돌아가고 있었다.

어릴 때 친구의 집은 잘살았었다. 장성여고에서 신작로를 향해 나오는 언저리에 있었던 친구의 집은 규모도 컸지만, 무엇보다 가겟방을 하는 것이 부러웠었다. 친구에게는 잘생긴 오빠들도 있었다. 옆으로는 감리교회가 있었는데 교회에는 깔끔하게 정돈된 마당에 꽃과 나무들이 어울려있었다. 4학년 때 그곳을 떠나 2년 후에 돌아왔을 때는 이미 그 친구도 그곳에 없었다. 오랜 후에 성인이 되어 다시 만난 친구는 그때의 이야기를 꺼렸고 나도 묻지 않았다. 아버지의 일이 잘못되어서 그 집을 팔고 이사를 했었고 진학을 포기해야 했던 사연을 이제는 담담하게 말할 수 있는 나이가 된 우리였다.

부모들의 역사가 우리의 역사에 영향을 끼쳤듯이 우리의 역사가 자식들의 인생행로에 많은 영향을 준다. 나 한 사람으로 끝나는 것이 아니라 이어지고 또 이어지는 역사를 우리는 모두 가지고 있다. 한 개인의 역사가 개인적인 것으로 끝나지 않고 모이고 모여서 국가의 역사가 되고 인류의 역사가 된다. 온전히 내가 책임져야 할 내 개인의 역사가 무겁게 밀려온다.

일제의 수탈로 남겨진 통행로와 자연의 신비로 탄생해 산을 뚫고 가로질러 간 구문소, 두 개의 동굴을 바라보는 지금, 이 순간도 역사가 이어지고 이어지면서 만들어진 오늘이었다. 50년 전의 인연들이 귀하게 만난 오늘이 참으로 감사하다. 오늘 우리의 발자취가 오래도록 우리의 가슴에 남아 우리 마음 속 천년기념물이 되었으면 좋겠다.

참 잘했어요

2018년 7월 24일 사전연명의료의향서라는 것을 쓰기 위해 의료보험공단을 찾아갔다. 담당자가 나를 안내해서 상담실로 들어가더니 조심스레 설명하길래 활짝 웃으면서 "저 내용 다 알고 왔어요. 편하게 이야기하시고 자세한 설명은 생략하셔도 됩니다." 했더니 그러시냐고 하며 웃으신다.

막상 서류를 대하자 마음은 한층 진지해졌다. 마지막 사인까지 마치고 싱긋 웃는 나를 건너다보던 직원이 궁금한 듯 묻는다. "아직 너무 젊으신데 어떻게 벌써 그런 생각을 했나요?" 하며 궁금한 얼굴이었다.

"제가 요양 보호사 자격증이 있고 잠시 종사하면서 느낀 게 많습니다. 이걸 해놓는다면 불시에 일이 닥쳤을 때 가족들이 죄책감 없이 합리적인 결정을 할 수 있을 것 같아요." 하고 웃으며 그곳을 나왔다.

요양 보호사 자격증을 따면서 의무적으로 요양원에서 일주일 동안 실습을 해야 하는 과정이 있었다. 절반은 경도 치매 환자였고 나머지 중증 환자들은 거의 휠체어나 지팡이에 의지해야 하는 보행이 불편한 사람들이었다. 그래도 그들은 좀 낫다. 누워서만 지내는 거동 불가능 환자들은 음식도 그린비아라는 유동식을 콧줄로 제공하고 사람도 알아보지 못하는 그야말로 숨만 붙어있는 사람들이었다.

금요일이면 주말에 면회 오는 가족들을 위해 목욕을 시키고 옷을 갈아입힌다. 중증과 경증의 구분도 남자와 여자의 구분도 없이, 혹은 서서 혹은 휠체어에 앉은 채 줄을 세워 목욕 순서를 기다린다. 탈의를 시키면서 차고 있는 기저귀를 벗길 때는 지독한 냄새를 겪어야 했고 축 늘어진 볼품없는 육체를 드러내면서 성기가 그대로 노출이 되어도 동요하지 않는 사람들을 보면서 안쓰럽고 미안했었다. 그런 상태로 씻겨주길 기다리는 사람들을 보면서 나는 결심했다. 만일 내가 이상해지는 때가 오면 이건 꼭 미리 대비해야지…. 그런 생각을 하고 있었는데 마침 이런 제도가 생겼다.

누구의 도움도 없이 내 손으로 밥을 먹고 내 손으로 씻을 수 있다는 건 내 삶의 존엄을 스스로 지키는 것이다. 본인이 살아있음을 자각조차 하지 못하고 간이침대에서 벗어나지 못한 채 하루하루 흘러버리는 삶이 무슨 의미가 있을까? 모든 것이 빠져나간 빈 육체가 배설하고 오물을 버린다. 어쩌다 한번 자식을 마주하고도 누구인지조차 모른 채 초점 없는 눈으로 멀거니 바라보는 그것만이 전부인 삶은 당사자와 그 가족들의 영혼까지 갉아먹는다. 도저히 이길 수 없는 싸움이다.

며칠 후 사전연명의료의향서를 딸에게 보여주니 아이가 눈을 둥그렇게 뜨고는 "엄마 혼자만 했어요?" 묻는다. 빙그레 웃으며 "엄만 이걸로 됐고, 아빤 가족에게 동의를 구할 때 엄마가 안 하면 되고. 그럼 됐지." 내 말에 "와, 우리 엄마 아무튼!" 모녀의 대화를 듣고 있던 남편은 못마땅한 기색이 역력했다. "참! 잘했어요." 짝짝짝 나의 박수와 호들갑에 더는 반박하지 못한 채 어정쩡한 태도로 있던 남편을 단순 가담자로 사전연명의료의향서에 나는 임의로 등록시켰다.

공주의 회전문

 서울에서 출발하면 팔당호와 남양주를 지나면서부터 조금씩 공기가 달라진다. 숨 막힐 듯 답답하던 공기가 점점 청량하고 하늘이 맑아지면 저 멀리 강촌이 손을 흔든다. 그때부터 시원한 산세를 즐기며 도착하면 춘천이다. 고속도로를 타고 다니는 길이 심심하다면 여유와 낭만을 즐길 수 있는 옛길을 추천한다. 천천히 호수를 끼고 도는 아름다운 도로를 달리면서 조금 느리지만 쉴 새 없이 앞을 향해 달리던 마음에 쉼표를 찍어보는 건 어떨까? 산다는 건 빨리 앞으로 가는 길도 있지만 가끔은 돌아서 가기도 한다.

 호수를 끼고 도는 의암호를 그림처럼 감상하면서 소양댐으로 향한다. 소양호를 보면 수십 년 전 호수에 가라앉은 전설들이 불쑥 어린 시절의 기억들을 소환해줄지도 모른다. 29억 톤의 물을 가두어둔 내륙의 바다를 보면서 저렇게 큰 호수를 만들고 저토록 많은 물들을 다스리기 위해 얼마나 많은 이야기가 숨어있을까? 하는 생각에 상상의 나래를 펼치다 보면 물 위를 스치는 바람과 하늘에 떠있는 구름이 하는 말을 들을 수 있다. 인제, 양구, 북한강까지 이어지는 물길을 이용해 배를 타고 오가기도 한다. 산이 호수를 품고 펼쳐지는 아름다운 풍경은 오래도록 마음에 저장되고 소양호 맑은 물 위를 가르는 상쾌한 공기는 바다와는 또 다른 낭만을 느낄 수 있다.

호수 위로 미끄러져 배를 타고 가면 청평사로 가는 길에 닿는다. 배에서 내려 청평사로 향하는 산책길은 부모님을 모시고 가면 향수를 불러오고 아이들과 함께 가면 자연을 배우고 연인이 함께 가면 서로에게 소중한 추억을 선물한다. 계곡을 따라 올라가는 길에 공주탕에 다다르면 드디어 그 옛날 아름답고 슬픈 설화를 만난다.

중국 당 태종의 딸인 공주가 몰래 궁궐을 빠져나와 시장 구경을 하다가 우연히 천민 신분의 청년을 만났다. 신분을 뛰어넘는 사랑은 늘 비극적이지만 그래서 더 아름답고 애달프다.

신분의 차이로 자칫 왕권이 흔들릴까 우려한 당 태종은 공주에게 당장 헤어지라 명하지만, 공주와 청년의 사랑은 단단했다. 분노한 왕은 당장 청년을 때려죽이라 명하고 죽은 청년은 상사뱀으로 환생해 공주의 몸을 칭칭 감고 붙어있었다. 뱀을 해하려다 공주까지 죽일까 두려워진 왕은 여러 점술사와 의사를 불러들여 방법을 모색했지만 소용이 없었다. 시름시름 앓으며 병이 깊어진 공주는 스스로 방랑의 길을 선택하고 머나먼 이국땅인 이곳 청평사를 찾아왔다.

청평사는 고려 광종 때 이자현이 창건한 사찰로 영험한 고승들이 수행하고 있는 청결하고 평화로운 수행처라 알려졌다. 당나라까지 알려진 고승들의 유명세에 공주는 험난한 여정을 선택했고 드디어 청평사 인근까지 도착했는데 어느새 밤이 깊었다. 작은 굴처럼 생긴 곳에서 하룻밤을 자고 아침이 되어 절에 밥을 얻으러 들어가는데, 회전문 입구에서 뱀이 떨어져 나가 죽었다. 문을 들어서는 순간 속세에서의 모든 고통과 번뇌가 떨어져 나간 것이다. 공주도 청년도 문 하나를 넘으면서 드디어 세속의 집착을 버리고 해탈을 얻은 것이다. 속세에서의 갈망과 고통이 회전문에서 윤회의 고리를 끊고 성스러운 공간으로 나아가며 깨달음을 얻은 것이다.

청평사 입구의 회전문을 지나 2층 누각의 강신루를 보면 감탄이 절로 나온다. 천년 전설을 간직한 청평사는 못을 하나도 쓰지 않은 건축물이다. 오로지 나무와 나무의 틈을 끼워 만든 장인의 솜씨를 보면서 천년 전 건축의 우수성과 색채의 아름다움에 찬사와 존경을 보낸다. 대웅전을 오르는 돌계단에는 태극 문양의 꽃주름을 새겨놓았다. 극락보전의 문에는 화사한 색감의 꽃문양이 조각되어 보는 즐거움을 더해준다.

사계절 아름다운 자연과 어울려 운치 있게 자리한 청평사는 언제 보아도 깊은 멋을 느낀다. 이렇게 깊고 아름다운 곳에 절을 창건한 이의 혜안이 놀랍다.

청평사를 내려와 아름다운 호수길을 따라 드라이브를 하다가 만나는 서면의 어느 멋진 카페에서 마지막 일정을 즐기고 돌아간다. 당신도 공주처럼 자신을 옥죄던 집착에서 벗어나 인간적인 갈망과 욕심을 버리고 깨달음을 얻었을 것이다. 돌아가는 길에 아직 눈에 남은 풍경과 가슴에 담긴 이야기가 말을 걸어올지 모른다. 물안개 위를 둥둥 떠다니던 낭만이 말을 걸고, 강촌이 따라오고, 백양리를 지나 경강까지 따라오던 춘천을 남양주에서 겨우 떼어낸다. 다시 공기가 퍽퍽하고 답답한 일상으로 돌아가면서 낭만의 도시 춘천을, 아름다운 설화를 마음속에 저장하면서 다시 올 날을 기약한다면 당신도 청결하고 평화로운 수행처를 마음속에 저장한 것이다.

5부

시간의 틈으로

왕족이니라

"엄마 나 머리 좀 감겨주세요. 머리에서 기름이 졸졸 흘러요." 하며 딸이 나를 쳐다본다. 한창 기름이 흐를 나이에 이마에 점을 도려내고 벌써 며칠째 세수도 못 하고 있었으니 얼마나 답답했을까?

병원에서 딸을 출산하고 신생아를 안아서 보여주는데 눈썹 바로 위 이마에 점이 선명하게 찍혀있었다. 아유~ 너무 큰데 쩝…

딸이 초등학교 3학년이던 어느 날, 눈물을 줄줄 흘리며 울면서 집으로 들어왔다. 깜짝 놀라 물으니 하교 후 아파트 단지 안의 상가 피아노 학원에서 수업을 마치고 3층에서 내려오는데 중학생이 듯한 오빠가 걸어 올라오면서 딸아이 눈썹 위 점이 있는 지점을 손가락으로 누르며 "딩동" 하고 올라갔단다. 서럽게 우는 딸에게 그 오빠가 네가 이뻐서 그런 것일 거라는 말로 사기를 쳤지만, 딸은 먹히지 않았다.

중학생이 되고 성형외과에 가서 수술했다. 욕실 앞에 커다란 쿠션을 받쳐 목욕 수건을 깔아놓고 눕혀서 한 손으로 머리를 받쳐

가며 감기는데 힘이 들어서 등줄기로 땀이 솟았다. 그런 중에 "아잇! 엄마 수술 자리에 물 들어가용." 짜증을 낸다.

에이! 그냥 확, 씻겨주고 같이 밥을 먹으면서 "에구 힘들어." 했더니 "그러게 왜? 점은 찍어서 날 괴롭혀." 하며 배시시 웃으며 나를 쳐다본다.

"흠… 그게 말이지 왕족의 표식이었느니라." 했더니 "말도 안 돼 누가 왕족인데?" 하며 노려보길래 "엄마가" 했더니 "그럼 아빠가 바보온달이야?" 하며 깔깔대고 웃더니 "엄마, 그럼 내가 애를 낳아도 또 표시되겠네요?" 하길래 "아니 네가 파내버렸으니 네 대에서 끝났느니라. 밥 묵자."

우리의 대화를 가만히 듣고 있던 조카가(방학을 이용해 환자를 돌보러 왔다.) "ㅎㅎㅎ 이상한 모녀야. 암튼…" 그러는 거였다.

그리고 며칠 후, "공부 좀 해라, 공부. 선행학습도 좀 하고 열공 좀 때려봐 봐." 했더니 "괜찮아, 왕족이 뭣 하러 공부를 해. 아랫사람들이 다 알아서 할 텐데." 한다. "야 지금이 왕조시대냐 세습도 막이 내린 21세기여. 정신 차려어!"

이랬던 딸이 저하고 똑같이 닮은 딸을 낳아 육아 중이다. 아침에 전화가 왔길래 손녀딸 영상 좀 보내랬더니 사진과 동영상이 전

송되어왔다. 국수 가닥을 손으로 쥐고 먹으며 얼굴에 바르고 머리에도 얹혀있다. 돌돌이를 들고 온 집안을 돌아다니며 웃고 있는 영상 속 손녀를 보며 잠시 딸아이 어린 시절로 돌아가 보았다. 시간이 흐르고 어느 날 딸도 나처럼 "공부 좀 해라, 공부." 하며 똑같은 잔소리를 하겠지. 잠시 시간의 틈을 엿보며 혼자 웃었다.

공지천을 부탁해

아침에 일어나 플라스틱 칫솔과 컵으로 양치를 한다. 냉장고를 열어 플라스틱 반찬통에 담아둔 반찬들을 식탁에 올려 아침을 먹고 플라스틱병의 화장품으로 단장을 마친 후 집을 나선다. 온종일 내가 만드는 탄소는 얼마나 될까? 곰곰이 생각하니 그 양이 엄청나다. 자연을 보호해야 한다고 환경 걱정을 하면서도 차를 운행하고 세제를 사용한다. 쓰레기를 버리고 일과가 끝나는 저녁까지 오염과 편리 사이를 오가며 하루를 마감한다.

2010년 즈음이었던 것으로 기억한다. 당시 나는 온의동에 있는 럭키 아파트에 거주 중이었다. 가끔 공지천 둘레길을 걸어 옛 중도 배 터까지 다녀오는 걷기를 하던 때였다. 그날도 중도 배 터를 돌아 공지천 공원을 들어서는데 공원 곳곳에 사람들이 돗자리를 펴고 통닭이나 피자를 놓고 술을 마시고 있었다. 늦은 밤이었지만 더위를 피해 나온 사람들로 공원은 대낮처럼 왁자했다. 함께 간 지인에게 "우리도 맥주 한잔할까?" 이내 마음이 동해서 캔 맥주 하나씩을 들고 벤치에 앉았다. 주거니 받거니 시간 가는 줄 모르고 이야기꽃을 피우는데 거나해진 한 무리의 젊은이들이 자리에서 일어나더니 하나둘 자리를 떠났다. 먹다 남은 음식과 사방으로 어질러진 쓰레기만 덩그러니 남아있는 모습을 보며 설마 저렇게 해놓고 정말로 모두 간 거야? 내 눈으로 보고도 믿기지 않았다.

며칠 후 2주에 한 번씩 가는 등산모임에서 함께 등산 다니던 산악회 회장님이 공지천 공원의 주말 아침 쓰레기 사태를 설명하며 우리가 산에 안 가는 이번 주 토요일 오전 7시에 공지천에 모여 쓰레기를 줍고 아침을 함께 먹자는 제의를 해왔다. 다행히 산악회의 많은 사람이 동의해서 토요일 아침에 모였는데 그 넓은 공원에 그렇게 어질러진 곳이 그날 아침에만 일곱 군데나 되었다. 비닐 자루를 들고 공지천 일대를 돌며 쓰레기를 주우면서 어떻게 그런 이기심이 생기는지, 이떻게 하면 공공질서에 대한 예의가 실종되는지 참 궁금했었다. 학교에서 공공질서를 가르치고 여러 사람이 함께 사용하는 시설에 대해 교육을 받았을 것인데 그렇게 해놓고 가버린 사람들은 누구였을까? 다들 바쁘다 보니 일회성으로 끝난 봉사였지만 공지천을 지날 때마다 푸르게 춤추는 나무들을 보면 그날이 기억난다.

아마도 지금쯤은 사람들의 의식도 많이 개선되어서 그렇게 행동하는 사람은 없을 것이라 믿는다. 지구라는 환경은 인간에게 어머니의 뱃속 같은 곳이다.

인간이 생존할 수 있도록 땅을 주고 적당한 비와 바람으로 곡식을 여물게 해준다. 인간이 제아무리 첨단의 기술을 개발한들 생존에 필요한 것은 먹거리이다. 눈부신 과학기술은 인간을 좀 더 편안하고 안락하게 만들어주지만 생존은 먹고 마시는 행위에서 지속된다. 꿀벌이 실종되고 수온의 상승으로 김 양식이 안 된다고 했다. 지난여름 배추가 포기 당 10,000원을 웃돌면서 밥상 물가를 위협했었다. 사과 한 알이 3~4천 원을 넘겨 금 사과라는 자조 섞인 푸념이 터져 나오기도 했었다. 생존의 가장 기초가 되는 먹거리를 보존하려면 말로만 하는 자연보호 대신 실천해야 한다. 그동안 기술개발에 치우치느라 훼손시킨 자연을 이제는 우리가 생존하고 우리의 후세들이 생존할 수 있도록 반드시 되돌려야 한다.

이대로라면 어쩌면 우리는 먹거리를 생산할 수 없는 지경으로 내몰릴지도 모른다. 농작물을 포기하고 섭취 대신 몸속에 주사액이 혈관을 타고 흘러 우리를 생존하게 하는 기계가 만들어지고 개인이 휴대 전화기처럼 하나씩 소지해야 하는 날이 올지도 모른다. 오염된 공기로 숨을 쉴 수 없어서 대기 중의 공기를 정제된 산소와 수소로 바꿔주는 기계를 몸에 무선 장치처럼 달고 다니는 날이 올지도 모른다. 이러한 기술을 개발하기 위해 더 많은 탄소를 만들어 낸다면 빚을 갚기 위해 더 큰 빚을 지는 것이다.

통증을 잊기 위해 더 많은 항생제와 진통제가 필요한 악순환이 온다면 우리는 후손에게 무슨 변명을 할 수 있을까? 우리에게 편리를 제공했던 첨단의 신기술이 우리를 병들게 한다. 나보다 오래 사는 플라스틱을 마구 버리고 불꽃놀이라는 이름으로 지자체마다 쏘아 올리는 폭죽은 인근지역의 미세먼지를 30배까지 끌어올린다고 한다. 함부로 버린 쓰레기는 코로나라는 괴물로 우리에게 복수하면서 경고했다. 부디 일회용품 사용을 자제하자. 편리성에 길들어 마구 쓰고 버린다면 우리는 코로나보다 한층 더 독해진 바이러스를 또 만나야 할지도 모른다.

얼마 전 탈북 미녀들이 나오는 <이만갑>이란 TV 프로에서 어떤 미녀가 일회용 행주의 CF를 찍고 싶다고 하면서 "행주 힘들여서 빨지 말고 한 번 쓰고 버리라요." 하자 다른 출연자들도 함께 까르르 웃었다. 열악한 환경에서 고생하며 살았던 사람들이지만 편리성에 길들고 나니 아까운 걸 모르고 오염이라는 개념도 없구나. 미디어가 선도하는 역할이 얼마나 큰데 그걸 모르고 한 번 쓰고 버리라는 말을 방송에서 아무렇지 않게 하고 있었다. 훼손하고 마구 어질러놓고 그 자리를 피해버리면 그만인 시대는 지났다. 이제는 환경이 생존과 직결되는 지점까지 와있다. 조금 불편하더라도 우리 다 함께 노력하자. 힘이 들더라도 빨아 쓰고 다시 쓰자. 공원에서 새들과 함께 휴식을 취하고 어린아이도 어른도 폐에 마음껏 공기를 불어 넣으면서 웃고 노래하자. 함께 사는 이웃 시민 여러분, 공지천을 부탁합니다.

시간의 틈으로

 기계에다 메뉴를 입력하고 로봇이 전달하는 메뉴를 받아 점심을 먹었다. 커피를 마시러 간 카페에서 기계에다 음료를 주문하는데 서툴러서 꾸물거리면서 뒤통수가 따가웠다. 집으로 돌아오는 길에 마트에 들러 간단히 장을 보고 셀프 계산대로 가야 할까? 잠시 망설이다가 직원이 있는 계산대로 갔다. 사람과 눈맞춤하면서 소통하던 일이 아주 오래전 구석기 시대쯤의 일이라도 된 듯 울컥 옛날이 그리웠다.

 2009년 4월 서울에서 경춘선을 타고 춘천으로 돌아오던 어느 목요일이었다. "우리 열차는 잠시 후 강촌, 강촌역에 도착하겠습니다. 잊으신 물건 없으신지 확인하시고 안녕히 가십시오."라는 친절한 멘트가 흘러나왔지만, 그들은 아무런 미동도 하지 않았다. 얼마 후 차가 강촌역에 서고 다들 내리느라 부산한데 그제야 부스스 일어난 저쪽의 여자 셋 그리고 이쪽의 남자와 여자, 그들은 모두 젊은 이들이었다. 흔히 보이는 풍경이고 한눈에 봐도 강촌으로 놀러 온 일행이 분명했다. 차가 서고 나서야 일어난 남자가 선반에 커다란 가방을 두 개나 내리며 같이 온 여자를 깨웠다. 여자는 몇 시냐며 묻고…. 그렇게 꾸물거리며 느릿느릿 걸어 나가는데 차가 출발했다.

그러자 아까와는 달리 아주 빠른 동작으로 직원 호출용 비상벨을 누르며 자신들이 내리지 않았는데 출발했다며 호들갑을 떨었다. 호출받은 직원이 어디선가 무전기를 든 채 헐레벌떡 쫓아 나오자, 사람이 내리지도 않았는데 차가 출발하면 어쩌냐며 화를 냈다. 직원이 설명하기를 "정차 시간이 원래 1분이지만 사람이 내리고 있으면 절대로 출발 안 합니다. 손님들이 내리지 않으니 출발했겠지요."라며 설명해도 막무가내다. 우린 절대로 늦게 내린 게 아니고, 내리려고 했지만 안 내려 주고 갔으니 아저씨가 책임지라며 우기는데, 이 모든 것을 지켜본 나는 슬슬 화가 나기 시작했다.

안내방송을 듣고 미리 준비하고 있다가 차가 서면 내려야 맞는 것인데, 차가 서고 나서야 여행 가방을 내리고 여자를 깨웠다. 두 번을 흔들며 깨우니 여기가 어디냐 묻고 다 왔다고 일어나라는 말을 반복했다. 마치 아침 등교 시간에 흔히 볼 수 있는 광경 같았다. 보행이 불편한 노인들도 아니면서 그렇게 느릿느릿 꾸물거려 차를 출발시켜놓고 자신들은 아무 잘못이 없다고 우기고 있었다. 역무원은 이 사태를 어찌할지 몰라 난감해하더니 어딘가로 무전을 쳤다. 오지랖 넓은 아줌마가 이런 일에 나서서 바른말을 하다가 곤경에 빠진 적이 있어서 참견하고 싶었지만, 꾹 참아야 했다.

답답한 마음에 뒤를 돌아보다가 뒷좌석의 아줌마들과 눈이 마주쳤다. "쟤네 너무 뻔뻔한 거 아니에요? 내 참 기가 막혀서." 하자 그 아줌마들도 "그러니까요. 우린 여기서 내릴 사람들 아닌 줄 알았어요." 한다.

역무원이 뒤를 돌아보고 우리끼리 주고받는 말을 의식했는지 그 일행들을 향해 말했다. "상행선에 타전해서 세워주라고 하겠지만 관제탑에서 안 된다고 하면 그냥 갈 수도 있습니다. 내 맘대로 할 수 있는 게 아니니까요."라며 어디론가 무전을 치고 있었다. 다섯 명이 한마디씩 거드는 소리는 '우리 잘못이 아니다, 책임지라'였다. 내가 뒤를 돌아보고 눈짓하며 "그럼 이 사람들을 위해 하행선과 상행선이 모두 서는 겁니까?" 묻자 "아직은 잘 모르겠어요."라며 얼버무렸다.

강촌 지나 신남 어디쯤에서 상행선과 하행선이 동시에 서고, 다섯 명을 데리고 나가 상행선에 태워 보내고 나서 돌아온 아저씨에게 내가 말했다. "아무런 조치도 해주지 말고 남춘천까지 데리고 갔어야지요. 잘못했지만 무슨 방법이 없냐고 도움을 청해도 모자랄 판에 오히려 어쩔 거냐며 자기 잘못을 모른 척 큰소리부터 치는 싹수없는 것들을 굳이 그렇게까지 해줄 필요가 뭐가 있습니까? 이게 개인 자가용도 아니고 한 차에 다 함께 타고 가는 관광버스도 아니잖아요. 한량에 삼사십 명이면 객실이 여섯 개니 족히 이백 명도 넘을 것이고 저쪽 차까지 하면 줄잡아 오백 명, 1인당 2분 모두 합쳐 천 분의 시간을, 저희가 뭔데 남의 시간까지 허비합니까? 그럴 권리가 없잖아요?" 했더니 아저씨가 허허허 웃는다.

  자신의 잘못을 인정할 줄 모르고 무조건 우기기만 하는 청년들을 보며 집으로 돌아와서도 내 마음이 끝내 개운치 않았었다. 지금은 전철로 바뀌어 없어진 옛 경춘선에서 있었던 일이다. 전철로 바뀐 지금은 절대로 있을 수 없는 일이 되었지만, 당시에는 가능한 일이었다. 그때의 나는 한 치의 빈틈도 허용하고 싶지 않았다. 분 단위로 쪼개 쓰는 시간이 그랬고 날마다 정교하게 돌아가는 수레바퀴 같은 생활이 그랬었다. 그때는 나를 몹시 불편하게 했던 일들이 이제 와 생각하니 굳이 그렇게 마음이 불편할 것도 아니었다는 생각이 들었다. 내 인생을 달라지게 만들지도 않을 그 2분 그리고 내가 바뀌게 할 수도 없는 그 젊은이들의 사고에 내 마음을 끌고 다닌 것이 우스웠다.

요즘은 예전의 규격화되지 않은 낡고 불편한 것들이 가끔 내 마음의 틈을 슬며시 비집고 들어온다. 조금 느리지만 헐렁하게 틈이 보이는 그래서 더 마음 편히 풀어헤쳐볼 수 있는 빈틈이 그립다. 슬렁슬렁 대충 대충을 모르던 까칠한 구간의 작용이 어디쯤에선가 슬며시 끝난 것일까? 시간이 나를 끌고 다니던 시기를 지나 이제는 내가 시간을 끌고 다닌다. 한 발쯤 뒤로 물러나 시간에 나를 맡기는 나이가 되고 팽팽하던 온몸의 장기들도 느슨해지고 나니 마음도 헐렁해졌다. 과학기술의 발달로 모든 것이 기계화되고 오차를 허용하지 않는 정교한 세상이 편하다고 생각하던 때가 있었는데 이제는 그것이 때때로 나를 불편하게 한다.

모든 것에서 완벽을 추구하던 나였지만 이제는 완벽한 사람보다 약간 틈이 있는 사람이 마음 편하다. 아마 나에게도 적당히 틈이 생긴 탓일지도 모르겠다. 허술한 틈 사이로 걸러지지 않은 내가 튀어나올 때 그 틈을 애써 들여다보려 하지 않고 보이는 만큼만 볼 것 같은 사람, 캐묻지 않고 말해주기를 기다리는 사람이 편하다.

서로의 빈틈을 못 본 체하며 메워주는 편안한 사람들과 꽃 중년을 누리며 주름진 하회탈로 마음 편히 늙어가고 싶다.

어머님 전 상서

어머니 기체후 일향만강(氣體候一向萬康)하시온지요? 근래 안부가 문여하(近來安否問如何)여 소녀 어머니께 안부를 여쭙나이다. 가내는 별고 없으시고 옥체는 무탈하시온지요? 시절이 하 수상하여 어머니께 저의 안부를 자주 전하지 못하는지라 송구한 마음 이를 길 없습니다. 인편에 연락드리오니 이 서신을 받으시고 이 사람에게 어머니의 근황을 소상히 적어주시면 감사히 전달받겠나이다.

이렇게 연락하면 될까? 아니면 손전화가 아닌 유선 전화로 걸고 받기만 하다가 그 방을 나서는 순간 연락이 안 되면 그것으로 그만인 예전으로 돌아가야 할까? 참으로 난감하기 이를 데 없다. 몇 달 전부터 멀쩡한 전화를 자꾸 안 된다고 탓을 하신다. 분명 사용 미숙인데 아무리 설명해도 안 된다. 어머니가 수시로 말하는 불만은 또 있었다. 당신 친구인 누구는 휴대전화 요금이 7,000원밖에 안 나온다는데 어째서 나는 요금이 33,000원이나 나오는지 이해가 안 된다고 여러 번 불만을 토로하신다.

어르신 통화요금 제도가 있긴 하지만 그 정도로 저렴하다는 말은 듣지 못했기에 "엄마가 뭘 잘못 아셨겠지?" 하니 화를 내며 내가 분명히 그렇게 들었다며 역정을 내셨다. 겸사겸사 휴대폰 가게에 들러 어머니의 폴더폰 구매를 알아보며 요금 문의를 하니 최근 3개월 통화요금을 조회하더니 어르신 요금제에 해당이 안 되는 분이라 한다. 이유인즉 어르신 요금제는 매월 통화 시간 180분까지만 제한적으로 사용해야 하는데 어머니는 3개월 평균으로 보면 매월 390분을 사용하신단다. 외딴곳의 산밑 오두막에 사시는 어머니의 유일한 외부 통로가 휴대전화기였던 것이었다.

휴대폰 가게의 여사장에게 웃으면서 "절대 통화량을 줄일 수는 없어요. 그녀의 사생활을 존중합니다." 하니 그녀도 웃으면서 "암요. 그게 유일한 낙인데 안 되지요." 한다. 집으로 돌아와 어머니에게 말하니 밀도 안 된다며 벌컥 화를 낸다. "하루에 13분가량인데 그럴 수도 있지요." 하니 내가 하루에 13분씩이나 통화를 한다고? 누가 그런 말도 안 되는 소리를 하냐며 발끈하셨다. "통신사가 거짓말을 했을까? 화만 내지 말고 통신사에 가서 내역을 떼봅시다. 그러면 거기에 누구랑 언제 통화를 했는지 다 나오니까 나에게 화를 낼 필요가 없지요." 해도 막무가내였다.

아들 며느리에게도 여러 번 말했었는지 며느리가 전에 사용하던 것과 똑같은 기종으로 며칠 전 다시 사다 드렸다. 그런데 아뿔싸 단축번호 저장을 안 했단다. 1번 아들, 2번 손자 이런 식으로 저장한 단축번호였다. 당신의 손발처럼 치다꺼리를 도맡아 시키는 나는 하물며 언니의 딸들보다 늦은 순위 9번이었다. 5남매 중 셋째 딸인 나를 가장 많이 믿고 의지하여 무슨 일만 생기면 내가 제일 먼저 생각난다더니 말 따로 생각 따로였다. 그게 우연히 많은 사람이 모인 자리에서 공개되었고 즉석에서 남편은 9번만큼만 딱 그만큼만 하라며 나를 긁었었다.

단축번호로 꾸욱 눌러서 통화를 하던 어머니는 전화가 잘못됐다며 다시 화를 냈고 이틀째 전화를 받지 못하는 사태에 이르렀다. 급기야 전화가 안 된다며 연락이 오고 아들이 부랴부랴 올라가서 사용법을 다시 알려드리고 왔다고 전했다. 그 후에도 전화를 받지 않거나 아니면 마지막으로 통화한 사람에게 하루 열 번 이상씩 통화를 시도하고 있었다. 멀리 사는 큰언니까지 어찌 된 거냐? 연락이 오고, 이번엔 내가 나섰다. 찾아가니 나에게 말하길, 누가 당신에게 전화했을 때 휴대폰만 열면 자동으로 통화가 연결되게 할 수 있냐, 하기에 그건 어찌어찌해서 해결했다.

다음으로 단축번호를 저장해야 하는데 일반 스마트폰과 달리 도대체 알 길이 없었다. 한참을 들여다보다 시간이 없어서 다음에 해드리겠다고 말하고, 전화를 걸 때 어떻게 하라고 아들이 설명했냐? 물으니 휴대폰을 열고 터치한 후 손가락으로 슬슬 밀어 올리면 된다고 했는데 안 되더라며 무슨 소린지 하나도 모르겠다 한다. 아마도 우리가 사용하듯 폰을 밀어 올려 상대를 찾는 법을 가르쳐 준 것 같았다. 밀어 올리는 게 편하긴 한데 어머니는 활자가 밀려 올라가는 것이 보기 힘들 수도 있겠다 싶었다.

밀어 올리는 것이 활자를 확인하기 힘들면 다른 방법을 가르쳐 줄게요. 통화 버튼을 1초만 가볍게 눌러주면 화면에 뜨는 이름이 있지요. 하나하나 눌러가며 찾다가 푸른색으로 표시되는 이름을 확인하고 다시 통화 버튼을 누르라며 해보라 하니 못 하신다. 세 번 네 번 아무리 반복해도 자꾸 엉뚱한 곳을 누른다. 통화 버튼을 2초 이상 누르면 자동으로 마지막 통화 상대를 호출하게 되니 딱 1초만 누르라고 하는데도 손가락에 힘을 준 채 꾸욱 눌러주고 있다. 나도 짜증이 확 밀려왔다. 화면은 작고 살짝만 건드려도 알아서 열 일하는 것이 휴대폰이다. 휴대전화를 안경도 안 쓰고 생눈으로 그걸 자꾸 아무 데나 건드리냐고 말하니 답답해서 안경을 못 쓰는데 어쩌냐 한다.

보이지 않는 눈으로 여기저기 마구 건드려서 벨 소리가 작아졌으니 못 받는 게 당연했다. 병원에 예약한 시간이라 서둘러 나오면서 답답한 마음으로 차를 출발시키는 내 마음이 납덩이 같았다. 60대인 나도 안경을 안 쓰면 아무것도 못 한다. 심지어 팔순 노인이 어찌 그리 고집이 세고 답답한가? 불편하고 답답해도 써야 보인다면 쓰는 게 맞다. 그리고 이틀이 지난 지금 여전히 전화를 받지 않는다. 둘째 언니가 10여 차례 연속으로 전화를 받았다기에 어찌할지 생각 중인데 오늘 당신이 먼저 전화했다. 도청에 코로나 확진자가 나왔다며 빨리 휴대폰을 보라 한다. 도청에 근무하는 아들이 걱정된 것이다. "도청에서 보내는 거라 상단에 '강원도청'이라 뜬 거겠지요." 말하니 "그런가?" 한다. "생눈으로는 나도 휴대폰 글씨를 못 보는데 그걸 봤다니 대단한 능력이시네요. 다시 보세요." 하니 그걸 언제 일일이 안경을 쓰고 보냐며 오히려 반문하신다.

노안으로 아침부터 잘 때까지 안경에 의지하는 내가 이상한 건지 어머니가 정상인 건지 심히 헷갈린다. 귀가 안 들려서 대화를 못 하고 엉뚱하게 오해하여 억울한 말까지 하기 일쑤임에도 보청기를 거부하시고 보이지 않는 눈으로 안경조차 쓰지 않는다. 이가 없어 아무것도 못 먹는다고 하면서 치과 치료도 강하게 거부한다. 발전하는 신기술에 도움을 받으면서 나도 편하고 자식도 편하게 사는 방법을 터득하는 노인이 스스로 행복 지수를 높인다. 노인 인구가 늘고 노인이 노인을 돌보아야 하는 초고령 사회에서 20년 차이인 우리 모녀는 나란히 노인의 반열에 올랐다. 노년의 자립이란 경제적인 자립만이 중요한 건 아니다.

나라의 경제가 발전하면서 노인을 위한 경제복지는 많이 좋아졌다. 노령연금이라는 제도도 한몫한다. 그러나 신기술의 발전을 따라가지 못하는 노인들은 뒤처질 수밖에 없다. 자식이 스마트 뱅킹으로 입금해주면 어머니는 창구를 이용해 찾는다. 카드를 쓰면 편하고 현금을 지녀야 하는 불편도 없다며 설명하고 만들어드려도 절대 사용하지 않는다. 현재의 기술에 당신의 생각을 결합하면 좀 더 편한 노후가 될 수 있을 텐데 안타깝다. 금전은 아무 때고 어디서고 지원할 수 있지만 찾아가서 해결해야 하는 건 자식들의 상황과 타협해야만 가능하다.

자식과 모든 걸 함께하길 원하는 부모는 불행하다. 한창 바쁜 시기를 보내는 자식과 모든 일에서 은퇴하고 시간이 남아도는 부모와의 부조화에서 양보는 부모의 몫이다. 20년 후의 나는 부디 적극적이고 긍정적인 노인이기를 바란다. 변화에 적응하여 무엇이든 받아들이고 아름답게 사고하는 행복한 노인이기를 빌어본다.

도파민 터지던 날

 남북 관계의 경색으로 3년간 문을 닫았던 금강산 전망대가 2025년 5월 9일부터 재개방되었다. 문학회에서 고성에 있는 전망대를 향해 출발한 차 안에서 스치는 풍경은 5월의 싱그러움이 느껴진다. 여행을 간다는 설렘이 도파민을 최대치로 끌어올렸는데 햇살을 향해 웃고 있는 초록들과 꽃 천지인 거리풍경까지 더하니 내 마음을 흔들기에 충분했다.

 "나뭇잎 하나가/ 아무 기척도 없이 어깨에/ 툭 내려앉는다/ 내 몸에 우주가 손을 얹었다/ 너무 가볍다"

 이성선 시인의 「미시령 노을」 전문이다. 별이 되고 싶었고 꽃이 되고 싶었고 바람이 되고 싶었던 시인은 2001년 아름다운 별이 되어 우리 곁을 떠났다. 시인은 떠나고 시만 남아있는 성대리의 생가터에서 돌에 새겨진 시비를 만났다. 저 멀리 울산바위가 걸린 하늘은 AI 인간이라 하더라도 흉내조차 낼 수 없는 최고의 그림이었다. 이런 풍경이 시인의 마음을 파고들어 자연을 노래하는 시가 탄생했는지도 모른다.

 아쉬움을 뒤로하고 현내면 금강산로의 '금강산 전망대'로 발길을 돌렸다. 38명의 일행이 탄 차에 탑승한 전직 군인 출신의 '안세모' 가이드님이 구수한 현지 사투리로 주의 사항을 설명하는데 마치 옆집 오빠 같다. 밤새 보초를 선 장병들이 자고 있으니 도착해서 입구부터는 묵언수행을 하라고 신신당부한다. 전망대로 올라가니 손에 잡힐 듯 가까운 북한 땅이 한눈에 펼쳐지고 봄 햇살에 안긴 북녘땅이 그지없이 평화롭다. 군데군데 철책이 보이고 시멘트로 만들어진 방호벽만 보이지 않는다면 이름 그대로 금수강산의 금강산이었다. 저 아래 바다가 그려져 있고 병풍처럼 둘러쳐진 금강산봉우리가 웅장한 산세를 드러내니 머릿속에서 도파민이 터졌다. 금강산이 얼마나 아름다웠으면 조선 시대의 선비들도 금강산 유람 한 번 하는 게 평생의 소원이라 했을까? 절로 이해된다.

 분단만 아니었다면 온갖 조형물을 설치해서 인공적으로 만든 공원이나 놀이시설 대신 이곳을 선택해 유람할 수 있었을 텐데, 이 아름다운 산하를 두고 마음껏 느낄 수 없다는 게 못내 아쉬웠다. 저 아래 보이는 바다와 산이 너와 나 우리 모두의 것이 되는 그날이 올 수 있을까? 그날이 오면 꼭 한번 밟고 올라 금강산을 유람하며 시를 지어야지. 야무진 계획을 다짐하며 그곳을 떠났다.

점심 식사 후 서낭바위에 도착하니 시인이자 문화해설사인 '김춘만' 시인이 기다리고 있었다. 서낭바위라는 이름은 오호리 마을의 서낭당이 있던 자리라 자연스레 붙여진 이름이고 또 다른 이름은 부채바위라고 했다. 국가 지질공원인 이곳엔 특이하게 생긴 바위들이 많이 있었다. 중간에 구멍이 뚫린 복어바위도 있고 마치 팥시루떡을 켜켜이 쌓은 듯한 바위까지 다양했다. 오랜 시간 이어진 파도의 침식작용이 이렇게 멋진 풍경을 만들어냈다. 그중 부채바위는 위에는 화강암으로 이루어졌고 바위의 잘록한 부분에 이르러서 규장암으로 형성되다가 아랫부분은 다시 화강암인데 그 바위 위에 소나무 한 그루가 물 한 모금 먹지 못한 채 자라고 있었다. 좋은 여건에서 충분한 영양을 섭취하며 자랐다면 튼실했을 나무가 고개를 숙인 채 힘겹게 자라는 것이 바위와 어울려 오히려 운치를 더했다. 온몸으로 힘겹게 버티고 있는 모습에 절로 멋이 배어있었다. 해설사의 설명인즉 활엽수였다면 그 자리에서 살아남지 못했을 것인데 침엽수라 살아남을 수 있었다고 한다. 이유는 활엽수는 자신의 몸에서 떨어진 낙엽이 자양분 역할을 하는데 침엽수는 온몸으로 스스로 빛을 빨아들이며 생존한다고 했다. 그중 소나무 종류가 바위에 붙어서도 죽지 않고 자랄 수 있다고 설명했다. 열악한 조건이다 보니 수령은 백 년이 훌쩍 넘었다지만 아직 작은 나무에 불과했다. 뿌리가 자꾸 뻗어나가니 바위 중간의 잘록한 부분에 틈이 생기고 금이 가면서 금세라도 부서질 듯 위태로웠다. 설명을 이어가다가 그 문제를 의논하던 지역 주민들이 소나무를 잘라 바위를 살릴까, 나무를 살리기 위해 바위를 깨어낼까를 의논했었다고 말하면서 "만일 여러분이라면 둘 중 어떤 걸 살려야 한다고 생각하십니까?" 질문을 던졌다. "당연히 바위지요." 산모를 살릴까요? 태아를 살릴까요? 하면 당연히 산모라고 생각했기에 나는 망설임 없이 대답했다. 나를 잠깐 쳐다보고 말을 이어가기를, 의논을 이어가던 중에 어떤 사람이 기계를 갖다가 바위에 구멍을 뚫어 바위를 감아서 더는 부서지지 않게 하겠다는 제안까지 나왔지만 최종적인 결론은 '그냥 냅둬라.'였다고 말하는 순간, 정신이 번쩍 들었다.

왜 나는 이거 아니면 저거라는 두 가지의 선택지만 생각한 것일까? 몽둥이로 한 대 맞은 느낌이었다. 여러 가지 생각으로 다양한 선택지가 있었음에도 딱 두 가지만 생각했던 건 아마도 그분의 질문 때문이었을 것이다. 이거요? 저거요? 그렇게 묻지 않고 "이걸 어떻게 하는 게 좋을까요?" 물었다면 나도 여러 각도에서 생각하고 고민했을 것이다. 우리의 분단도 여러 각도를 제시하지 않고 반으로 가른다. 찬성이냐? 반대냐? 이렇게만 이루어졌다. 그런 사고의 고착화가 '탄핵을 반대한다. 찬성한다.' 나누어지고 각종 여론조사에서도 교묘히 이용될 때가 많았다. 흑백의 논리, 이편저편이 아니라 제삼의 편 우리 모두의 편도 있는데, 12.3 계엄 이후에도 그 이전에도 우리는 네 편 내 편밖에 없었다. 획일화된 사고의 틀을 버리고 다양성과 다름을 인정하는 넓은 사고로 마음의 폭을 넓히면 좋겠다는 생각이 들었다. 분단 지역 고성에서, 많은 것을 보고 배우면서 마음속에 깊은 철학까지 얻었으니 오늘 하루는 성공했다.

벌교 문학기행 — 마음의 선(線)

열흘 붉은 꽃이 없는 법!

 언젠가는 그 빛을 잃어가고 쇠락하여 떨어진다. 너도 그렇고 나도 그렇다. 모든 재화는 돈으로 거래되지만 돈으로 거래되지 않는 것, 보이지 않고 만져질 수 없는 것, 시간이다. 시간이 흐르고 기억조차 희미하게 잊히면서 글로만 남은 역사! "아부지는 얼굴도 몸도 뻘건 디는 하나또 읎는디 워째 사람들은 아부지보고 빨갱이라고 할까?" 조정래의 『태백산맥』에 나오는 내용이다. 아무도 설명해주지 않았지만 지금은 안다. 다 아는데 모두가 아는데 아직도 그 사람들이 빨갱이라고 우기는 사람들이 있다. 같은 민족이고 같이 겪은 일인데 자꾸 아니라고 한다. 왜일까?

 함께 어떤 일을 겪었을 때 시간이 흘러 그 이야기를 다시 해보면 자신의 견해로만 생각해서 서로 다른 이야기를 하기도 하고 더러는 자기가 기억하고 싶은 것만 기억해내는 오류를 범하기도 한다.

누구나 살면서 한 번쯤은 경험했을 것이다. 최악에는 자기의 이해와 맞는 것으로 기억을 편집하기도 하고 더러는 삭제도 한다. 그런데 한두 사람도 아닌 수많은 사람이 함께 겪은 일을 왜곡하고 편집해서 진실을 덮으려 애쓰는 사람들도 있다. 광주 5.18과 제주 4·3이 그렇다. 어째서일까? 피해자는 있는데 가해자가 없다. 생각의 다름에서 비롯된 이데아적 견해의 충돌로 시작된 것이기에 가해자가 없다. 자신의 감정을 충실하게 드러낸 것, 이것이 모든 비극의 출발이다.

공산화를 표방하며 소련을 등에 업은 북한에 맞서야 하는 우리의 싸움은 강대국이 끼어들 여지를 주었고 아무에게도 이득이 없는 분단이 시작되었다. 물리적인 분단은 어쩔 수 없지만, 같은 나라 같은 사회에 사는 우리 마음속에도 보이지 않는 선을 그었다. 오랜 시간 이념 논쟁으로 숱한 사람이 억울한 일을 당했고 수많은 비극을 초래했다. 분단이 계속되는 한 서로의 이념 전쟁은 계속될 것이다. 일본이 지배한 36년 동안 친일과 반일로 갈라졌다가 불과 5년 만에 전쟁으로 밀고 밀리면서 다시 반으로 갈라졌다. 미국과 소련이 세계를 반으로 나눠 먹는 냉전 시대에 이용당해 좌파 우파로 갈라진 작은 나라의 힘없는 백성들일 뿐이었다. 뼈 빠지게 일해서 지주에게 소득의 7할을 바치고 나서 멀건 죽으로 연명해야 하는 소작농들에게 토지의 무상 분배라는 달콤한 유혹은 결코 놓을 수 없는 구원이었다. 그것은 이념이 아니라 삶 그 자체였다. 단지 그런 이유로 공산주의를 선택하고 빨치산이 될 수밖에 없었던 그들이 우리 이웃의 빨갱이, 우리 모두 알고 있는 빨갱이다. 조정래 선생이 빨갱이가 아니고 광주 사태의 희생자들이 빨갱이가 아니라는 진실을 이제는 마주해야 한다. 그들을 빨갱이라고 줄기차게 우겨 왔던 사람들이 광주 5.18 기념식에 가서 묵념하는 건 말과 행동이 다른 이율배반이다.

제주 4·3 사태의 희생자들을 빨갱이라 하면서 왜 그들에게 미안하다 하는가? 그건 내가 거짓말쟁이라고 고백하는 것과 다르지 않다. 지금도 정치인들은 교묘한 말로 좌파에게 나라를 내어주겠느냐고 묻는다. 좌파, 우파 그런 것은 없는데 정치권에서 자꾸 만들어내는 이유는 무엇일까?

"그건 빨갱이 책이라고, 나는 조정래가 빨갱이라고 생각한다." 큰 소리로 말하는 사람이 있었다. 진정 그렇게 생각한다면 그 사람은 우리와 함께 그곳을 가지 말았어야 한다. 함께 여행하면서 문학관에 가서 함께 관람하고 육필 원고를 애잔하게 바라보는 회원들과 웃으며 함께 사진을 찍었다. 전라도의 24첩 반상이 맛있다며 게걸스럽게 먹고 반주까지 곁들여 즐겼는데 여행 말미 돌아오는 차 안에서 그런 말도 안 되는 소리를 했었다. 정녕 그렇게 생각했다면 그곳을 왜 갔는지 묻고 싶었다. 책의 내용에 등장하는 빨갱이들은 세상을 바꾸어보겠다고 가족을 버리고 산속으로 들어갔다. 그들은 산속에서 온갖 고초를 겪으며 죽어갔고 남은 가족들은 빨갱이의 가족으로 비참한 삶을 살아야 했다. 선생은 그들을 위대한 동경의 대상으로 만들지도 않았다. 내용 어디에도 선생께서 빨갱이라 오해받을 만한 대목이 없었다.

같은 책을 읽었지만 이렇게 서로 다른 이야기를 할 수 있는 것은 생각의 관점이 다르기 때문이다. 형제끼리도 총부리를 겨누어야 했던 이데올로기는 지나갔다. 이제 그런 마음의 선(線)을 거두고 서로를 따듯이 바라보자. 거슬러 올라가면 모든 비극의 시작점은 선이었다. 양반과 천민을 구분 지은 계급의 선, 친일과 반일로 나뉜 마음의 선, 지주와 소작인으로 나뉜 증오의 선, 민족을 반으로 가른 삼팔선. 이런 선들이 사람들의 마음을 소용돌이처럼 휘감아 돌며 서로에게 총부리를 겨누었다. 세상을 바꾸고 싶었고 최후의 승자가 되고 싶었던 사람들과 암울한 시대가 맞물려 『태백산맥』이란 비극적인 실화 소설을 탄생시킨 것이다. 날마다 선택을 강요당하면서 사랑하고 살아냈다.

아름답지만 채색할 수 없는 비극으로 남아있어야 하는 하얀 꽃의 여인 '소화', 시대가 만들어낸 이데올로기의 표본인 염상진 형제의 인간적인 고뇌와 아픔, 지주들의 착취에 벼랑까지 내몰린 하층민들, 최후의 선택까지 가장 낮은 곳에서 가장 치열하게 살다 간 사람들의 이야기다. 한국 근현대사를 배경으로 벌어진 비극을 무려 16,500매의 원고로 그려낸 그분은 위대한 소설가이다. 시대가 만들어낸 비극을 우리에게 또 후손들에게 딱딱하게 정형화된 교과서가 아닌 글로 남겨서 기억할 수 있고 만날 수 있게 해주신 조정래 선생께 감사와 존경을 보낸다.

벌교 문학기행 — 길을 묻고 나를 찾고

벌교의 조정래 문학관을 거쳐 여수에 도착했다. 역사의 아픔을 그려낸 『태백산맥』의 묵직한 이야기에 힘들어하던 나의 마음은 여수 밤바다의 환상적인 아름다움에 취해 금세 치유되고 편안해졌다.

다음날의 일정은 향일암이었다. 바다를 내려다보며 아득히 자리한 곳 향일암에 오르면서 내게 덕지덕지 묻어있는 고뇌를 털어버리고 싶었다. 입구부터 가파른 길을 오르면서 저 아래 평지에 드넓은 땅을 버려두고 이렇게 힘들게 올라야만 닿을 수 있는 곳에 암자를 지은 그분은 누구였을까? 힘든 고행으로 무엇을 얻고 무엇을 버리고 무엇을 남기셨을까? 편히 들고 날 수 있는 평지를 마다하고 굳이 힘들게 올라야만 얻을 수 있는 깨달음은 무엇을 의미하는 것일까? 마음으로 묻고 또 물었다.

향일암의 초입에서 위로 차곡히 자리한 돌계단을 까마득히 바라보면서 한 계단 또 한 계단 밟아 오르며 길을 묻고 나를 찾는 나만의 시간이 시작되었다.

향일암으로 오르는 길에 연로하지도 않고 그렇다고 어리지도 않은 세 분의 스님께서 돌계단에 앉아 눈 감고 귀 막고 입 막고 그렇게 살아야 한다고 말하며 웃으신다.

귀한 가르침을 소중히 받고 아름다운 해안과 어우러진 길을 오르는데 이번엔 좁고 어두운 길이다. 해탈문이다. 인생길 가다 보면 때로는 앞이 보이지 않는 캄캄한 어둠 속에서 헤 매기도 한다. 발끝에 힘을 주고 마음에도 힘을 주고 천천히 서두르지 않고 길을 찾아가다 보니 앞이 보이고 햇살이 비쳤다. 지금의 내 마음을 알고 마치 나를 위해 준비한 듯한 길이었다. 그렇게 가다 보면 그렇게 살다 보면 네가 찾고자 했던 길이 보이고 네가 가고자 했던 곳이 나올 것이다. 누군가 나에게 그렇게 말하고 있는 것 같았다.

향일암 정상에서 원효 스님의 좌선대라 쓰인 바위를 내려다보았다. 끝없는 망망대해를 바라보면서 참선한다면 나를 비우고 나를 버리고 나를 채울 수 있을까? 얼마나 더 참고 참아야 참선이 되는 것일까? 끝을 알 수 없는 드넓은 바다를 멍한 상태로 오래 바라보았다. 바다는 마음을 차분히 가라앉게 하면서 한편으론 심연의 슬픔을 끌어올린다. 표면은 잔잔하게 미동도 없는데 바닷속 깊은 곳에서는 생로병사가 끊임없이 거듭될 것이다. 바닷속도 또 그 바깥도 그렇게 반복된 세월이 역사가 되고 그렇게 수없이 거듭되는 시간 속에서 나는 그저 스쳐 가는 한 점에 불과하다. 올가미라도 쳐진 듯 반복적으로 나를 깊은 수렁 속으로 밀어 넣는 대상에게 나는 무엇을 해야 하나? 그저 나를 비워내고 참선하면서 그의 안녕을 빌어주고, '모든 것은 나의 업에서 시작되었습니다. 부디 중생을 구원하소서. 나무 관세음보살!' 이렇게 빌면서 하루하루 소멸해 가면 되는 것일까?

하늘을 향해 두 팔 벌리고 목 놓아 소리쳐도 겨우 몇 사람이나 들을 수 있을까?

그런 나약한 존재가 나이다. 우리는 모두 날마다 조금씩 소모되면서 살아간다. 내 안의 모든 것이 소진되고 마지막 한 줌으로 남았을 때 나는 무엇이 가장 후회스러울까? 무엇이 가장 안타까울까? 생각해보았다. 나를 위했던 적도 나를 사랑한 적도 없었다. 이곳 아름다운 경치를 보면서 나를 찾다 보니 깊숙이 감춰져있던 자기애가 싹트기 시작했다. 그 순간, 나는 아직 좀 더 많은 것을 보고 느끼고 싶다는 욕구의 발동이 내 안에서 꿈틀대기 시작했다. 누군가를 미워하고 죽이고 싶고 죽고 싶다는 마음을 저 멀리 버리고 2019년 4월 지금부터 향일암을 내려가면 구석에 팽개쳐두었던 나를 꺼내어 반짝반짝 윤이 나게 닦아야겠다.

효과음 별로네

 사전에 아무런 약속도 없었는데 몇 시까지 어디로 오라는 전화를 받았다. 다른 일정이 없고 어느 정도 준비가 된 상태였을 때는 흔쾌히 대답하지만 그렇지 않을 때는 상대가 누구든 슬며시 부아가 난다. 헝클어진 집, 단정하지 못한 내 모습 혹은 다른 일정 등으로 궁색하게 변명하지만 개운하지는 않다.

 언젠가 명절을 지낸 직후 찜질방에서 명절 증후군을 수다로 풀어내는 여자들의 수다 중에 내가 크게 공감한 이야기가 있었다. 일을 하느라 몸이 힘든 것보다 마음이 힘든 것이 크고 그보다 더 큰 건 나의 일상이 깨지는 불편함이라 했다. 그 말을 듣는 순간 나 역시 그것이 제일 힘들다고 여겼다. 명절이라고 찾아온 친인척 형제들과 함께 시간을 보내야 한다는 의무감에 전날, 당일, 다음날까지 함께해야 한다. 그러기 위해서 의무적으로 방문해서 같은 공간에서 긴 시간 함께한다는 게 힘들었다. 시골 외곽의 오두막에서는 할 게 별로 없다 보니 짧게는 이틀, 길게는 3일까지 장시간 함께

술을 마시거나 12지신 짝 맞추기를 하는 게 전부였다. 3일을 꼬박 그렇게 보내고 나면 힘이 들어 파김치처럼 처진다.

내가 좀 유별스럽기는 하다. 남편과도 아주 젊었을 때를 제외하고 거의 평생 각방을 사용했다. 남편도 나의 유별난 예민함을 알고 선선히 동의했다. 혼자 자는 게 제일 편하다는 내 말에 잘 아는 지인은 그런 내가 이상하다고 한다. 자신들은 두 사람 중 한 사람이 옆에 없으면 자다가도 서로가 찾아다닌다고 하며 애정을 과시했다. 그 말을 들으면서 나는 이해가 안 됐다. 나이가 들면 때로는 쉬이 잠들지 못하는 불면의 밤도 찾아올 수 있고 아무리 사이가 좋아도 자다가 뒤척이는 것까지 함께 맞출 수는 없을 것이다. 옆 사람의 뒤척임에 수면을 방해받을 수 있어 불편할 거라는 생각이 들었다. 우리는 서로의 방이 멀찍이 떨어져 있어서 한집에 살아도 코로나도 전염이 안 됐었다. 사회적 거리 두기의 1m를 유지하니 때론 좋은 점도 있다는 내 조크에 지인이 도리도리하며 웃었다.

재작년 여동생이 베트남의 달랏으로 함께 여행을 가자고 했다. 좋다고 따라나선 3박 5일 동안 트윈룸인 한 방에서 3일 밤을 함께 잤다. 인천공항에서 밤에 출발한 비행기가 새벽에 도착하고 몇 시간 후부터 시작된 일정을 소화하느라 바쁘게 돌아다녔다. 다음날부터 일상이 깨지다 보니 변비가 왔다. 아무리 힘을 주어도 영 신통치가 않았다. 아침 일찍 일정이 시작되고 돌아다니다 보면 어쩌다 신호가 오지만 단체로 이동 중이거나 잠깐의 휴식이다 보니 여의치가 않았다. 그러던 마지막 날 아침에 모닝커피를 마시는 나를 힐긋 쳐다보던 동생이 "언니, 할머니 같아!" 한다. "응, 할머니?" 하니 "커피를 마시면서 후룩후룩 소리를 내고, 화장실에서는 음 음 하면서 신음 소리를 내더라." 한다. 하아~ 쩝. "며칠째 용변이 신통치 않아서 그랬고 커피 마시면서 후룩은 몰랐네." 궁색한 변명을 하면서도 뒷맛이 영 별로였다.

아는 언니와 정선의 아우라지를 함께 갔다. 캠핑카에 낭만을 즐길 먹거리도 챙겼다. 몰운대와 소금강을 끼고 도는 아름다운 드라이브 코스를 즐기고 아우라지에서 별을 보며 고기와 술을 즐겼다. 첫잠이 들고 얼마나 지났을까? 옆에서 쌔근쌔근 들리는 숨소리와 간간이 코를 고는 소리가 내 귀를 파고들어 더는 잘 수가 없었다. 그렇게 아침이 되고 숙취와 피로가 함께 몰려오면서 나의 예민함이 원망스러웠다.

아주 오랫동안 혼자 자던 습관으로 다른 사람과 함께 자는 일이 생기면 숙면을 못 한다. 어쩌다 어머니 집을 방문했을 때 오랜만에 만난 형제들이 자고 가라 하면 집에 가서 잘 거라며 아무리 늦어도 기어이 돌아온다. 이젠 다른 사람들도 이런 나의 유난스러움을 잘 알고 있다.

그렇게 유별난 내가 나이를 먹으면서 효과음이 많아지고 커졌다. 밥이나 물을 먹고 나면 끄르륵하는 소리를 자주 낸다. 30대 때에 어머니가 밥 먹는 도중에 그런 소리를 내면 그게 참 싫었었다. 한참 식사 중일 때 그러면 혹시 일부러 그런 소리를 내나? 의심도 했었다. 그러던 내가 일어설 때 앉을 때 "아이고오"는 기본으로 달고, 하품도 "하움" 요 정도로 이쁘게 했던 것 같은데 이제는 "하아아아아~~" 대책 없이 길게 나온다. 괄약근에서 나는 소리를 도저히 조절 못 해서 대포처럼 터트리던 날, 깜짝 놀라는 시늉을 하며 "완전 터보엔진이네." 하며 고개를 절레절레 젓던 남편도 어느 날 나와 같은 터보를 장착했다. 나이가 들수록 커지는 효과음이 내 것도 듣기 싫고 네 것도 듣기 싫으니 이를 어이할꼬!

달아실에서 펴낸 최정란 산문집

『나는 아직도 몽고반점이 있다』(2023)

시간의 틈으로

1판 1쇄 발행	2025년 7월 31일
지은이	최정란
발행인	윤미소
발행처	(주)달아실출판사
책임편집	박제영
디자인	전부다
법률자문	김용진, 이종진
기획위원	박정대, 이홍섭, 전윤호
편집위원	김선순, 이나래
주소	강원도 춘천시 춘천로 257, 2층
전화	033-241-7661
팩스	033-241-7662
이메일	dalasilmoongo@naver.com
출판등록	2016년 12월 30일 제494호

ⓒ 최정란, 2025
ISBN 979-11-7207-061-8 03810

이 책의 일부 또는 전부를 재사용하려면 반드시 저작권자와 (주)달아실출판사 양측의 동의를 얻어야 합니다.

* 잘못된 책은 구입한 곳에서 바꿔드립니다.
* 책값은 뒤표지에 표시되어 있습니다.
* 이 책은 **강원특별자치도**, 강원문화재단으로부터 제작비 일부를 지원받았습니다.